JN439681

교류적 독서와 자아 성장

리터러시교육총서

교류적 독서와 자아 성장

서은숙 지음

ㅎ

대한민국, 서울, 학이시습, 2026

교류적 독서와 자아 성장

지은이 서은숙
펴낸이 박영률

발행일 2026년 1월 30일

학이시습
출판등록 2007년 8월 17일 제313-2007-000166호
02880 서울시 성북구 성북로 5-11 (성북동1가 35-38)
전화 (02) 7474 001, 팩스 (02) 736 5047
learningbooks@commbooks.com
www.commbooks.com

Lifelong Learning Books
5-11, Seongbuk-ro, Seongbuk-gu, Seoul, 02880, KOREA
phone 82 2 7474 001, fax 82 2 736 5047

학이시습은 커뮤니케이션북스(주)의 평생학습 전문 브랜드입니다.
저작권자와의 협의에 따라 발행했으므로, 본사의 서면 허락 없이는 어떠한 형태나 수단으로도 이 책의 내용을 이용할 수 없습니다.

ⓒ 서은숙, 2026

ISBN 979-11-430-1671-3 93370

책값은 뒤표지에 있습니다.

독서는 자아 성장에 기여할 수 있을까?

청소년기는 자아정체성이 형성되는 중요한 시기다. 이 시기에 청소년들은 자아를 탐색하고 정체성을 확립하기 위해서 본질적인 고민을 하게 된다. 이러한 정체성 형성에서 독서는 중요한 역할을 한다. 특히 능동적이고 주체적인 독자 역할을 강조하는 교류적 독서에서는 텍스트와의 역동적인 상호작용과 공동체 내 다른 사람들과의 상호작용을 통해 정서적이고 인지적인 독자 반응을 표현하고, 의미를 확장하면서 사고력을 발전시킬 수 있다. 그리하여 청소년들은 자신과 타인, 나아가 세계를 이해하고, 자기 존재와 정체성을 재구성하는 기회를 얻게 된다. 이 책에서는 능동적이고 주체적인 교류적 독서 활동을 통해서 독자가 자아를 성장시킬 수 있는 기제를 탐색하고, 이를 기반으로 실제 교류적인 독서 지도 방법을 제안한다.

이 책의 집필 의도

기존의 독서 교육이 주로 텍스트 이해나 해석 위주의, 그리고 결과 중심적인 접근을 해 왔다고 하면, 교류적인 독서 지도에서는 독자와 텍스트, 독자와 다른 사람들의 관계적 상호작용과 독자 반응 자체에 초점을 둔다. 모든 교육적 상황에서와 마찬가지로 독서 지도에서도 교사와 학생, 학생과 학생들의 관계 형성이 활발하게 이루어질 때 변화와 성장은 촉진될 수 있다.

청소년기의 독서는 단순한 정보 습득을 넘어 독립적인 사고 진작, 도덕적 가치관 형성, 자기 이해 심화에 결정적인 역할을 한다. 인공적 지성(최일만, 2025)이 지배하고 있는 오늘날 사회에서 교류적인 독서 활동을 통해 청소년들은 건강한 자아를 구성하는 기회를 가질 수 있다. 그래서 이 책은 '독서가 청소년의 자아 성장에 어떤 영향을 미칠까?', '그래서 독서 교육을 어떻게 하면 효과적일까?'라는 질문에서 출발했다. 청소년 독자들이 자신과 타인, 그리고 세상을 이해하고, 건강하고 성숙한 자아를 형성하도록 도와주는 방식을 모색하는 것이 이 책의 목적이다.

구성되는 자아

자아는 크게 구분하여 심리 역동적 자아와 구성되는 자아라는 두 가지 관점에서 생각할 수 있다. 심리 역동적 관점에서 '자아'는 역동적으로 움직이는 내면의 생각이나 정서에 갈등이 생길 때 그 갈등을 해소하기 위해 겉으로 드러나는 자아를 말하며, 미처 깨닫지 못했던 숨겨진 면모가 투사되어 겉으로 나타나는 자아다. 심리 역동적 자아 관점과 달리, 구성되는 자아 관점은 사람들이 살아가는 동안 다양한 경험과 관계 속에서 끊임없이 자아가 변화하고 만들어지는 것으로 본다. 이러한 구성되는 자아를 더 세부적으로 사회적 자아, 내러티브적 자아, 아비투스적 자아, 에토스적 자아, 변형적 자아 등의 유형으로 구분할 수 있다 (Benwell & Stokoe, 2006).

사회적 자아는 사회 구성원으로서 다른 사람들과 끊임없이 교류하면서 객관적으로 인식된 규범에 맞춰 행동하며, 동시에 자신의 개성도 표현하는 역동적 자아를 말한다 (Mead, 1934). 사회적 자아에는 'me'와 'I'라는 두 자아가 있다. 'me'는 다른 사람의 시선이나 사회적 규범에 비친 '나', 사회적 역할로서의 '나', 타인의 태도에 대한 '나'의 반응을 말한다. 'I'는 사회적 기대에 대한 '나'의 자발적이고 창조적인 반응을 말하며 고정되지 않고 끊임없이 변화하며 행동하는 역동적인 자아다. 두 개의 서로 다른 자아가 한 사람의 성격을 구별하는 데 조건이 된다.

구성되는 자아의 둘째 유형은 내러티브적 자아다. 내러티브는 삶의 사건들을 일관성 있고 의미 있는 주제로 연결하는 표현 양식이다. 내러티브는 타인과 이야기로 소통하며 어울리는 과정에서 자아를 형성하고 성장시킬 수 있게 한다. 이야기 속에서 개인의 자아는 더 확장되고 완성된다.

구성되는 자아의 셋째 유형은 아비투스적 자아다. 독일의 미술사학자 파노프스키(Erwin Panofsky)는 '개인 안에 들어 있는 집단 문화'를 설명하기 위해 '아비투스(habitus)'라는 용어를 처음 사용했다. 프랑스 사회학자 부르디외(Pierre Bourdieu)는 이 아비투스 개념을 빌려와 특정한 환경[장(場)]에서 몸에 밴 독특한 생각이나 행동 방식(성향)을 '아비투스'라 정의하고, 세상을 지각하고, 분류하고, 판단(평가)하는 모든 틀이 아비투스에서 나온다고 했다(Bourdieu, 1979). 따라서 아비투스는 마치 세상을 바라보는 렌즈와 같은 역할을 한다. 아비투스는 듀이(John Dewey)가 말한 습관(習慣)의 개념과도 매우 유사하다. 그러나 '아비투스'는 단순히 반복적인 '습관'을 넘어 새로운 것을 만들어 내고 변화하면서 끊임없이 '나'를 생성한다는 점에서 습관과 구별된다. '아비투스적 자아'는 사회와 문화를 통해 형성되어 내면화된 '생각과 행동의 틀'을 가진 존재다.

구성되는 자아의 넷째 유형은 에토스적 자아다. 아리스토텔레스는 설득의 수단으로 로고스(논리), 에토스(화자의 인품), 파토스(감정), 이 세 가지를 강조하면서 가장 강력한 것은 에토스라 했다. 에토스는 청자를 설득하는 데 신뢰를 얻기 위해 갖추어야 할, 화자의 내적 특성 및 태도를 말한다. 에토스는 단순히 말을 잘하는 것이 아니라, 말하는 그 사람의 됨됨이가 얼마나 믿음직스러운지에 따라 형성되는 신뢰를 의미한다. 에토스적 자아는 결국 다른 사람들에게 비치는 '나'의 모습, 특히 '나'가 얼마나 신뢰받을 수 있고 좋은 사람으로 인식되는가를 통해 구성되는 자아다. 이 자아는 다른 사람들의 마음속에 형성되는 '나'에 대한 신뢰와 존경을 바탕으로 만들어지는 '나'의 이미지이며 존재감이라 할 수 있다.

구성되는 자아로서 마지막 유형은 변형적 자아다(Bauer, 2021). 변형적 자아는 자아 구성의 모든 관점을 통합한 것으로, 이 자아는 자기 삶을 해석하고 개인적 성장을 추구하는 주관적인 서사적 정체성을 지닌다. 자아 구성과 발달은 성인기 이후에도 자기 성찰과 의미 추구를 통해 지속적으로 진행될 수 있다는 점에서 독서 경험과 밀접한 관련성이 있다.

능동적인 독자 역할과 독자와 텍스트, 독자와 다른 사람들의 관계적 상호작용, 그리고 독자 반응에 초점을 두는 교류적 독서는 사회적 자아, 내러티브적 자아, 아비투스적 자아, 에토스적 자아, 변형적 자아 등 모든 유형의 자아 구성에 관여함으로써 청소년 독자들의 자아 성장에 기여할 수 있다.

이 책의 구성

이 책에서는 교류적 독서가 청소년의 자아 성장에 미치는 영향력과 기제, 그리고 실천 사례를 열 개 장에 걸쳐 제시한다.

먼저, 1장부터 3장까지는 교류적 독서의 개념을 중심으로 독자의 자아 발달과의 관련성을 논의한다. 로젠블랫(Louise M. Rosenblatt)의 독서 이론을 기반으로 교류적 독서에서의 독자 역할, 교류적 독서의 특징 및 구성 요소 등에 대해 서술하고, 촉진자로서의 교사 역할을 강조한다. 그리고 자아의 발달 이론을 소개하면서 독서가 자아 변화에 미칠 수 있는 영향력을 조명한다.

4장부터 6장까지는 독서 경험이 자기 이해로 확장되는 구체적인 과정과 교육 현장과의 연계를 탐색한다. 독자 반응의 개념과 자기표현 방안을 탐색하고, 리쾨르(Paul Ricœur)의 '이야기 정체성'을 통해 독서가 자기 이해를 매개하는 역할을 밝힌다. 더 나아가 청소년의 자아 성장과 교류를 촉진하는 읽기, 말하기, 쓰기 활동 방안을 제시하며 이론과 실제를 연결한다.

7장부터 9장까지는 자아 성장을 촉진하는 교사의 역할, 다른 사람들과의 관계적 상호작용의 중요성을 제시하고, 구체적인 교류적 독서 지도 모형을 소개한다. 교사의 실천적 지식과 성찰의 의미, 독서 지도에서 언어적 상호작용과 관계적 상호작용이 공동 의미 구성과 학습자 성장에 필수 요소임을 강조한다. 또 실제 수업에서 활용할 수 있는 교류적 독서 지도 모형을 소개한다.

마지막 10장에서는 독서 수업에서 나온 독자 반응 텍스트를 분석하여 청소년들의 자아정체성이 어떻게 나타나 있는지 보여 주는 연구 사례를 제시한다.

이 책의 독자들에게

이 책은 독서가 단순한 정보 습득을 넘어 자아를 탐색하고 정체성을 형성하는 과정에서 지니는 의미를 여러 각도에서 조명한다. 특히 청소년 독자들이 독서를 통해 얻게 되는 성취감은 자아 효능감과 긍정적인 독자 인식을 형성하며, 능동적인 독서 실천을 지속시키는 동력이 된다. 이러한 능동적이고 주체적인 독자 역할은 독서 습관을 취약하게 만들고, 독서의 가치에 대한 인식을 약화하는 최근의 사회 문화적 환경에서 건강하고 성숙한 자아를 형성하게 한다.

참고문헌

최일만(2025). 『휴버트 드레이퍼스』. 커뮤니케이션북스.

Bauer, J. J.(2021). *The transformative self: Personal growth, narrative identity, and the good life.* Oxford University Press.

Benwell, B., & Stokoe, E.(2006). *Discourse and Identity.* Edinburgh University Press.

Bourdieu, P.(1979). *La distinction. Critique sociale du jugement.* Les Editions de Minuit. 최종철 옮김(2005). 『구별짓기: 문화와 취향의 사회학 上』. 새물결.

Mead, G. H.(1934). *Mind, self, and society.* The University of Chicago. 나은영 옮김(2010). 『정신·자아·사회: 사회적 행동주의자가 분석하는 개인과 사회』. 한길사.

차례

편집자 일러두기

- 인명, 작품명, 저서명, 개념어 등은 한글과 함께 괄호 안에 해당 국가의 원어를 병기했습니다.
- 외래어 표기는 현행 어문규정의 외래어표기법을 따랐습니다.

01

교류적 독서와 독자 역할

교류적 독서는 독자가 텍스트의 내용뿐만 아니라 다른 사람들과 적극적이고 능동적으로 상호작용하면서 의미를 구성하고, 구성된 의미를 말하기, 듣기, 읽기, 쓰기를 통해서 적극적으로 반응하고 표현함으로써 새롭게 의미를 확장하는 과정 자체를 강조한다.

교류적 독서에서 독자는 텍스트와 동등한 파트너십을 이루면서 자신의 심리적, 사회적, 문화적인 삶의 맥락들을 연결하고 새롭게 의미를 부여하면서 지속적으로 자아를 구성하고 변형한다.

능동적이고 주체적인 독자

교류적 독서는 능동적이고 주체적인 독자 역할을 특별히 강조한다. 따라서 교류적 독서에서 독자는 텍스트와 동등한 파트너십을 이루면서 자기 삶의 심리적, 사회적, 문화적인 맥락들을 연결한다.

교류적 독서 이론에서는 독서가 독자와 텍스트 간의 비선형적 교류이며, 독자와 텍스트 간 교류의 결과로써 의미가 합성되거나 구성되며 다소 일관적이고 완전한 의미 구성이 될 때까지 반응을 불러일으키며 충족해 나간다고 본다(Marhaeni, 1998).

로젠블랫(Louise M. Rosenblatt)은 독자의 독서 자세를 원심적 자세와 심미적 자세 두 가지로 구분했다. 이것은 특정 읽기에서 독자가 심미적 반응 또는 원심적 반응에 속할 수 있는 연속체를 형성한다는 것을 의미한다. 예를 들어, 과학 논문 읽기와 같은 원심적 읽기에서 독자는 정보를 얻기 위해 더 집중하지만, 논문의 한 부분을 읽는 동안 즐거움을 느껴서 읽는 속도가 느려질 수도 있다는 것이다. 또 심미적 읽기가 중심인 소설을 읽는 동안에도 독자는 그 안에서 지식 정보를 습득할 수 있다는 것이다(Marhaeni, 1998).

텍스트에 대한 독자의 두 자세는 두 극단 사이에서 반

응하는 연속선에서 지배적으로 원심적이거나 지배적으로 심미적일 수 있다. 읽기 사건에 따라서 독자들은 그에 따른 자세를 취하면서 어떤 연속선을 따라 초점을 선택할 수 있다. 독서 자세의 연속선의 중간에서 독자는 원심적 자세나 심미적 자세의 읽기 행동, 기대, 태도를 균형 있게 적용하려 할 것이다(Karolides, 1999).

독자가 독서 과정에서 여러 가지 독서 자세를 취할 수 있다는 이론에 근거하는 독자 반응 이론은 읽기 과정에서 능동적인 주체로서 독자의 중심적 역할을 강조한다. 그러나 독자 반응 이론을 옹호하는 사람들이 공통으로 독자 역할을 강조하고 있지만, 그 강조의 초점에서 약간씩 차이가 있다. 그래서 비치(Richard Beach)는 텍스트를 지향하는 텍스트적 관점, 텍스트에 대한 독자의 참여에 초점을 두는 경험적 관점, 인지적 · 의식적, 무의식적 힘에 관심이 있는 심리적 관점, 사회 문화적인 특징에 초점을 두는 사회 문화적 관점 등으로 독자 반응 이론 자체를 세부적으로 구별하고 있다(Beach, 1993).

블라이히(David J. Blich)는 '독자들의 반응이 곧 텍스트다'라고 했다. 이것은 독자들이 해석하고 만든 의미를 초월하는 텍스트란 있을 수 없고, 비평가의 분석 대상이 되는 텍스트는 독자들에 의해 구성된 반응이라는 것이다. 블라이히는 독서 경험은 주관적이며, 독자의 개인적인 지식, 감정, 경험 등이 텍스트에 대한 이해와 해석에 결정적인 영향을 준다고 보았다. 독자는 자신의 독서 경험을 지각하고 확인하는 과정을 통해 마음속에 어떤 개념적이고 상징적인 세계를 창조한다(Tyson, 2006:381~382 재인용).

교류적 독서의 특징

독자의 능동적이고 주체적인 역할을 강조한다는 점에서 독자 반응 이론과 같은 토대를 두고 있지만, 교류적 독서 이론은 텍스트와 독자, 독자와 독자, 독자와 세상 간의 상호작용을 보다 더 중요시한다는 점에서 차이가 있다(Karolides, 1999). 교류적 독서의 특징은 다음과 같이 요약할 수 있다. 첫째, 독자 중심의 의미 구성을 강조한다. 독자는 의미를 능동적으로 구성하는 주체로 자리매김한다. 텍스트의 의미는 고정된 것이 아니고 독자의 배경지식, 경험, 감정, 가치관과의 상호작용을 통해 창조된다.

둘째, 텍스트와의 역동적 상호작용을 강조한다. 텍스트는 단순한 정보의 집합체가 아니고 독자와 대화하는 살아 있는 매개체 역할을 한다. 독자는 텍스트를 읽으며 끊임없이 질문하고, 예측하고, 연결하고, 평가하는 인지적 과정을 거친다. 독자는 논리적 해석이나 정보 획득 등을 목적으로 하는 원심적 독서와 즐거움, 창조적 · 심미적 경험을 목적으로 하는 심미적 독서 사이를 오가며 텍스트와 교류한다.

셋째, 의미 구성 과정에서 사회적 상호작용과 공동체 형성을 중요시한다. 독서는 개인적 행위를 넘어 공동체 내의 대화와 토론을 통해 확장된다. 다른 독자들과 해석의 공유, 질문, 토론을 통해 의미 공동체를 형성한다. 타인의 관점을 수용함으로써 자신의 이해를 확장하고 심화할 기회를 얻는다.

넷째, 정서적 반응과 공감 능력의 발달이다. 텍스트에 대한 개인적 반응과 정서적 연결을 중요하게 다룬다. 등장인물의 감정과 상황에 공감하고, 이를 자기 경험과 연결하는 과정을 통해 정서적 성장을 도모한다. 문학작품은 단순한 분석의 대상을 넘어 독자의 정서적 반응을 끌어내는 매개체 기능을 한다.

다섯째, 비판적 사고와 메타 인지 촉진을 강조한다. 독자는 텍스트에 질문하고, 텍스트를 평가하고, 비판적으로 검토한다. 그리고 자신의 독서 과정을 점검하고 조절하는 메타 인지 전략을 활용한다. 교류적 독서는 다양한 관점과 해석의 가능성을 열어 두고 탐색하는 열린 사고를 북돋운다.

여섯째, 촉진자로서 교사 역할을 강조한다. 교사는 정답을 전달하는 권위자가 아닌, 학생들의 독서 경험을 풍부하게 하는 조력자 역할을 한다. 개방형 질문을 통해 학생들의 사고를 자극하고, 다양한 반응을 인정하고 존중한다. 학생들 간의 대화와 토론을 촉진하며 의미 구성 과정을 유도한다.

일곱째, 독서 경험의 확장과 성장이다. 독서는 단순한 기술이나 정보 습득이 아니고 지속적인 성장과 변화의 과정이다. 텍스트와의 교류를 통해 독자의 관점, 가치관, 세계관이 확장되고 변화하며 성장한다. 독서 경험은 독자의 삶과 유기적으로 연결되어 실질적인 영향을 미친다.

여덟째, 질문 중심의 독서 활동이다. 텍스트에 대한 자발적인 질문 생성이 독서 과정의 핵심으로 자리한다. 독자는 사실적, 추론적, 비판적, 창의적 질문 등 다양한 층위의 질문을 통해 텍스트를 탐색한다. 질문은 독자와 텍스트, 독자와 독자 사이의 교류를 촉진하는 매개체 기능을 한다.

교류적 독서의 구성 요소

교류적 독서를 구성하는 요소로는 먼저, 능동적인 독자가 있다. 독자는 텍스트를 읽을 때 자신의 배경지식, 개인적 경험, 정서, 가치 체계 등을 능동적으로 활용하여 의미를 구성하는 주체가 된다. 따라서 텍스트의 의미는 독자의 고유한 반응 양식에 의해 생성된다. 이렇게 교류적 독서는 독자의 경험과 의미 구성 역할을 강조한다. 그러나 이것은 자칫하면 '독자마다 모든 해석이 다 옳다'라는 상대주의적 관점으로 빠질 수 있다. 이는 텍스트 자체의 의미, 작가의 의도, 또는 텍스트가 지닌 특정한 문화 역사적 맥락을 간과할 위험이 있다. 이런 점에서 독자의 주관성을 과도하게 강조하는 것을 유의할 필요가 있다. 그리고 미숙한 독자에게 미치는 부정적 영향이 있다. 아직 독서 능력이 충분히 발달하지 않은 어린 독자나 미숙한 독자의 경우, 텍스트의 의미 구성이 자신의 주관에 맡겨진다면 혼란과 어려움을 느낄 수 있고 텍스트가 제공하는 풍부한 의미를 충분히 탐색하지 못할 수 있다. 이러한 독자들에게는 텍스트 자체를 토대로 한 해석이 중요하다는 점을 들어 더 체계적이고 구조화된 독서 지도가 필요하다.

둘째는 촉매로서 활용되는 텍스트다. 텍스트는 대상으로서 고정된 의미를 가진 것이 아니라, 독자의 능동적인 참여를 통해 의미가 구체화되는 촉매제 역할을 한다. 텍스트는 독자와의 교류를 통해 비로소 생명력을 얻고 다양한 의미를 갖게 된다. 그러나 교류적 독서에서는 텍스트 자체의 역할을 축소할 가능성이 있다. 이론적으로는 독자와 텍스트의 교류를 강조하지만, 실제 교육 현장에서는 독자의 반응에 초점이 맞춰지면서 텍스트 자체의 문학적, 구조적, 언어적 특징에 대한 깊이 있는 분석이 소홀해질 수 있고 텍스트의 복잡성이나 예술성을 놓칠 수 있다는 점이다.

셋째는 교류 과정이다. 교류는 독자와 텍스트 간의 역동적인 상호작용을 말한다. 이 과정에서 독자는 텍스트로부터 자극을 받고, 텍스트는 독자의 경험에 따라 해석되며, 이러한 상호작용을 통해 새로운 의미가 생성된다. 그러나 '교류(transaction)'라는 핵심 개념 자체가 다소 추상적이고 모호하여 이를 명확하게 정의하고 연구하는 방법론적 논의와 탐구가 필요하다.

넷째는 관계적 상호작용이다. 독자와 텍스트는 물론, 독자와 독자, 교사와 독자, 나아가 독서를 둘러싼 모든 환경 간에 유기적인 관계가 형성되어 영향을 주고받는 역동적인 과정이 전개된다. 관계적 상호작용은 독서가 개인의 내적 활동에 머물지 않고 사회적 · 인지적 · 정서적 성장을 촉진하는 총체적인 경험이 되도록 이끌어 준다. 독자와 텍스트의 일대일 관계를 넘어 주체들과의 활발한 교류를 통해 의미는 더욱 풍성해지고, 독서 경험은 삶을 변화시키는 힘이 된다.

다섯째는 사회 공동체적 맥락이다. 독서는 개인적인 활

동에 그치지 않고 구성원의 대화를 통해 서로의 해석을 공유하고 토론하며 의미의 공동체를 형성하는 사회적인 과정으로 확장된다. 이러한 공동체 안에서 독자들은 자신의 해석을 심화하고 타인의 관점을 수용하며 이해한다.

교류적 독서는 독서를 역동적인 과정으로 이해하고 독자의 주체적 역할을 부각함으로써 텍스트 중심의 독서 교육에서 벗어나 학생 독자 중심의 독서 교육으로 전환하는 데 중요한 토대 이론을 제공하고 있다.

참고문헌

Beach, R.(1993). *A Teacher's introduction to reader-response theories*. NCTE Teacher's Introduction Series.

Karolides, N. J.(Ed.)(1999). *Reader response in secondary and college classrooms*. Routledge.

Marhaeni, A. A.(1998/2016). Rosenblatt's transactional theory and its implementation in the teaching of integrated reading. *Jurnal Ilmu Pendidikan*, 5(4), 206~219.

Tyson, L.(2006). *Critical theory today*. Macmillan publish. 윤동구 옮김(2012). 『비평이론의 모든 것』. 앨피.

02

독자의 자아 발달

인간 발달 과정에서 독자는 여러 가지 역할을 한다. 발달 과정에서 독자 역할은 자아정체성과 관련되어 있다. 자아정체성이란 인생에서 자신이 부딪치는 현실 상황과 관련하여 진실하게 느끼는 주관적이고 객관적인 자기의 신체적 · 사회적 감각을 말한다. 자아정체성을 사회적 맥락에서 변화해 가는 다면적 구성체로 볼 때 자아정체성 구성에서 자아 표현적 글쓰기와 독자 반응 활동은 중요한 역할을 할 수 있다.

독자의 발달

독서는 여러 가지 요인이 작용하는 복잡한 정신 작용이다. 초기 독서 연구가들은 독서 요인인 독서 목적과 과제, 텍스트, 독자, 독서 상황과 맥락 등에서 텍스트 중심의 독서를 강조했다. 그러나 20세기에 이르러 텍스트가 인간의 독서 행위에 미치는 영향이 제한적이라는 사실을 밝힌 연구들이 나왔다. 독서는 텍스트와 독자가 상호작용하여 의미를 구성하는 정신 작용이며 텍스트와 독자가 각각 독립적으로 존재하면서 동등한 입장에서 상호작용하는 존재라는 것이다. 20세기에는 텍스트에서 독자로 독서의 관점이 이동하였고 이때는 독자의 존재와 역할을 새롭게 발견하고 정립한 시기라 할 수 있다(이순영 외, 2015).

독자는 텍스트를 읽을 때 텍스트에 자신의 배경지식, 개인적인 경험, 감정, 가치관 등을 능동적으로 투영하며 의미를 구성하는 주체가 된다. 텍스트의 의미는 독자 개개인이 지닌 특유의 반응으로 만들어진다. 따라서 인간 발달 과정에서 독자가 하는 역할을 중심으로 독자 발달을 구분할 수도 있다. 애플야드(Appleyard, 1990)에 따르면 독자는 발달 과정에서 다섯 가지 역할을 한다. 첫째는 노는 독자다. 취학 전 아동은 이야기를 듣는 사람으로서, 판타지 세계에서 즐겁게 논다. 둘째는 영웅 독자다. 학령기 아동은 로맨스의 주인공으로서, 이야기들은 실제 경험의 세계보다 더 잘 조직되어 있고 분명한 세계로 보이기 때문에 이때의 독자들은 쉽게 허구적인 세상으로 빠져들며 주인공이 된다. 셋째는 생각하는 독자다. 청소년 독자로서, 이들은 삶의 의미, 헌신할 만한 믿음과 가치, 모방할 만한 실제 역할 모델 등에 대한 통찰을 얻는다. 넷째는 해석하는 독자다. 문학을 체계적으로 공부하는 독자로서, 대학에서 문학을 전공한 자이거나 교사 등이다. 탐구 원리와 증거 규칙을 가지고 있는 지식 체계로 이야기에 접근하며, 분석적으로 대화하는 것 등에 관심이 있고, 작용하는 방식에 대한 비판적인 이론과 역사를 배운다. 다섯째는 실용적인 독자다. 성인 독자로서, 경험의 진실성을 판단하거나 아름다움의 감각을 느끼기 위해, 새로운 경험에 도전하거나 지혜와 위로를 얻기 위해 읽으며, 의식적이고 실용적인 목적으로 읽기를 선택한다.

청소년기 독자의 특징

심리학자인 홀(Stanley G. Hall)은 청소년 발달에 관한 연구를 체계화하였고, 청소년기에 관한 과학적인 연구를 처음 시작했다. 홀은 청소년기를 '질풍노도의 시기', 내적 갈등이 폭발하는 시기, 감정적 소용돌이를 경험하는 시기라고 하며, 더 높은 수준의 완전한 인간으로 성숙하는 '새로운 탄생의 시기'라 했다(반건호, 2020). 이어서 1950년대 에릭슨(Erik H. Erikson)이 인생 발달 주기 중 청소년기의 역할과 정체성 위기에 관한 관심을 보이면서 청소년기에 대한 학문적 논의가 활발해졌다. 신체적 성장, 증폭된 성적 욕구, 순수하고 과대망상적인 이상주의, 자아의식, 낭만주의, 야심과 충동, 반역과 위기 등의 특징들이 13~17세의 청소년들에게서 발견된다고 보았다(Appleyard, 1990).

넬(Victor Nell)은 청소년기의 독자들은 책에 빠져 있는 황홀 상태, 즉 영웅의 운명에 몰입하는 경향이 있다고 했다. 이 몰입의 경지는 경험의 주체와 객체의 구별이 없어지고 최면이나 변형된 의식 상태가 되는 것을 말한다. 이러한 몰입을 힐가드(Ernest R. Hilgard)는 '자기가 읽는 것에 의해 변형되거나 수송된, 저자가 묘사한 경험의 세계로 감정적으로 말려든 상태'라 했다(Appleyard, 1990:101). 청소년기는 아동기와 성인기의 중간 과정일 뿐 아니라, 정체성 확립을 위해 개별화를 준비하는 단계로 진화하고 발달하는 시기라 할 수 있다(반건호, 2020).

스콜스(Robert E. Scholes)는 청소년들이 좋은 독자가 되는 데 필요한 능력 세 가지를 강조했다. 첫째는 '읽기'다. 읽기는 이야기에 대한 아동기 최초의 경험 이후 내러티브

부호들에 대한 지식에서 상상적 세상을 구성하는 무의식적인 행위를 말한다. 둘째는 '해석'이라는 의식적인 과정이다. 해석 과정에서는 이야기의 주제, 즉 저자가 그것들에 대해 취하는 태도를 이해해야 하며, 저자가 주제를 전달하기 위해 사용하는 전략들을 분석해야 한다. 셋째는 '비판'이다. 독자가 지닌 인간적이고 사회적인 관계의 반응들은 사회적 맥락에 의해 가치와 관심을 공유하는 집단 구성원으로서 형성된다. 궁극적으로 텍스트의 주제에 대한 비판, 주어진 텍스트의 구성된 코드에 대한 비판이다(Appleyard, 1990:117).

자아정체성의 개념과 성격

청소년들은 '나는 누구인가?', '나는 어떻게 살 것인가?'와 같은 질문을 통해 자기 자신에 대한 정체성과 능력, 미래와 존재 이유 등에 대한 물음에 답을 찾는다. 자아정체성이란 이런 물음에 대한 성찰적 응답으로, 인생에서 자신이 부딪치는 현실 상황과 관련하여 진실하게 느끼는 주관적이고 객관적인 자기의 신체적 · 사회적 감각을 말한다(송현옥, 2008).

기든스(Anthony Giddens)는 자아정체성이 성찰적 인식을 전제로 한다고 보았다. 삶을 성찰하고 해석하는 과정을 통해 자아정체성이 형성되며, 그렇게 형성되는 자아정체성은 개인의 특성이나 그 특성의 집합, 즉 자기 자신에 대해 객관적으로 축적된 지식, 기능, 재능의 총합과는 같지 않다는 것을 주장한다. 기든스는 자아정체성이란 개인의 행위 체계가 연속되는 결과로서 주어진 것이 아니라 개인의 성찰적인 활동 속에서 창조되고 지속되는 것이라 했다(송슬기, 2015).

에릭슨이 말한 정체성은 '개인의 영속성, 단일성 또는 독자성, 불변성이며, 개인의 동일성에 대한 의식적 감각'이고, '개인이 자기 자신에 대해 갖는 연속성과 단일성에 사로잡히는 주관적인 느낌'이다(박아청, 2003). 에릭슨의 자아정체성은 자신의 성격, 취향, 가치관, 능력, 인간관, 세계관, 미래관 등에 대해 명확하게 이해할 때 형성되는 것이며, 그러한 이해가 지속성과 통합성을 가질 때, 이를 '통합적 자아정체성'이라 했다(박아청, 2007:144).

에릭슨은 전 생애에 걸친 인간의 발달 과정을 이론적으로 체계화한 학자다. 그는 인생 주기를 프로이트(Sigmund Freud)의 심리 성적 발달 단계에 대응하여 심리 사회적 발달 측면에서 8단계로 나누었다. 프로이트 이론의 5단계를 심화한 에릭슨의 심리 사회적 발달에 의하면, 모든 유기체는 특정한 목적을 가지고 태어났으며, 성공적으로 발달하면 이 목적을 완수하게 된다. 이 시기에 심리적 위기를 극복하면 긍정적 자아정체성이 발달하고, 그렇지 않으면 부정적 자아정체성이 형성된다는 것이다(박아청, 2007).

자아정체성과 독자 반응

자아정체성을 사회적 맥락에서 변화해 가는 다면적 구성체로 볼 때, 독서 활동과 같은 문식성은 중요한 역할을 한다. 정체성에서 문식성이 중요한 이유는 그것이 정체성을 형성하는 데 중요한 역할을 하고, 정체성을 표현하는 주요한 수단이 되기 때문이다. 지(James P. Gee)가 담화를 '정체성 집합체(identity kit)'로 명명한(Gee, 1996) 것도 문식성 실천에 따른 정체성 형성에 주목하였기 때문이다. 지(Gee)는 문식성을 읽기와 쓰기 기능(skill)으로만 볼 수 없으며, 인지적 · 심리적 기능뿐만 아니라, 사회 문화적 실천으로서 문식성을 인식하고 교육할 필요가 있음을 강조했다(정혜승, 2010).

임경순(2003)은 글 쓰는 행위의 동기는 '나는 누구인가?' 즉 자아정체성을 탐색하는 문제와 관련이 있다고 보았다. 글쓰기는 자기 존재에 대한 문제의식에서 출발하여 자신을 이해하는 응답의 과정이다. 경험을 서사화하는 행위는 언어나 문자 등의 매체를 통해 의미를 가진 서사를 창조한다는 것이다. 또 최숙기(2007)는 타인과의 소통 중심 정보 전달의 글쓰기도 중요하지만, 필자 중심의 개인적 삶의 경험 자체에 초점을 맞춘 자기 표현적 글쓰기도 중요함을 강조했다. 자기 표현적 글쓰기를 통해 자신의 관념을 형성하도록 돕고 이러한 관념의 형성은 필자를 쓰기의 주체로서 역할을 다할 수 있도록 도우며, 쓰기 주체로서 성장을 돕는다고 했다. 또 학생이 자신을 성찰하고 자신이 가진 문제를 스스로 해결할 수 있도록 돕고 이를 통해 긍정적 정서 발달을 도모한다고 보았다.

자전적 내러티브 글을 쓴다는 것은 자신의 생생한 경험 그대로를 드러내고 그 의미를 분석하고 해석함으로써 자기 이해를 돕고 새로운 삶의 의미를 생성할 수 있다는 것, 새로운 삶의 방향성을 모색할 수 있다는 점에서 의의가 있다. 이때 참여자가 능동적인 자세로 자신의 생애를 들여다보며 이야기함으로써 자기 생성 및 자아정체성 형성 과정을 확인할 수 있다. 자전적 내러티브 글쓰기는 자신의 정체성과 고유성을 살려내는 방법이며, 실존적 주체로서 살아가고 있는 자기 모습을 드러낼 수 있다는 점이 특징적이다.

내러티브 글 읽기에서는 '누가, 언제, 어디에서, 무엇을, 어떻게'를 중심으로 경험의 내용을 파악하되, '왜'라는 물음을 통해 독자가 내러티브에 의미를 부여하기도 하고, 자기 경험과 연결점을 찾기도 한다. 결국 누군가의 경험과 '나'의 경험 사이에서 접점을 발견하고 '왜'라는 질문에 대해 성찰하고 의미를 찾는 것이 내러티브 글 읽기와 글쓰기의 핵심이라 할 수 있다. 내러티브 글쓰기는 내러티브 읽기를 전제하고, 맥락적 경험을 회상하고 이야기하는 것이며, 문학작품과의 연결에서 자기 경험과 삶에 대해 성찰하며 의미를 탐색해 가는 것이다. 내러티브 글 읽기와 글쓰기는 자기만의 내러티브를 생성해 나가는, 연속적이고 순환적인 성찰이자 창조라 할 수 있다(성은혜, 2015).

참고문헌

박아청(2003). '한국형 자아정체감 검사'의 타당화 연구. ≪교육심리연구≫, 17권 3호, 373~392.

박아청(2007). 에릭슨의 인간형성론의 발달이론적 구조에 관한 일고찰. ≪사회과학논총≫, 26권 2호, 143~163.

반건호(2020). 청소년기: Granville Stanley Hall부터 Emerging Adulthood까지. ≪정신분석≫, 31권 4호, 63~69.

성은혜(2015). 내러티브 글읽기·글쓰기의 원리와 문학교육적 의의-이청준의 「병신과 머저리」를 중심으로. ≪한국문학이론과 비평≫, 69집 19권 4호, 183~212.

송슬기(2015). 자아정체성 교육의 철학적 접근: 찰스 테일러(Charles Taylor)의 자기진실성(Authenticity) 개념을 중심으로.

서울대학교 석사 논문.
송현옥(2008). 청소년기의 자아정체감에 영향을 미치는 관련변인 간의 구조분석. 계명대학교 박사학위논문.
이순영·최숙기·김주환·서혁·박영민(2015). 『독서교육론』. 사회평론.
임경순(2003). 경험의 서사화 방법과 그 문학교육적 의의 연구 – 유소년기 소설을 中心으로–. 서울대학교 박사학위논문.
정혜승(2010). 수업에 드러난 교사의 문식성 인식과 학생의 정체성 협상 양상–예비 초등교사의 국어과 심화 수업 실습 사례를 중심으로–. ≪한국초등국어교육≫, 43호, 5~34.
최숙기(2007). 자기 표현적 글쓰기(expressive writing)의 교육적 함의. ≪작문연구≫, 5호, 205~239.
Appleyard, J. A.(1990). *Becoming a reader: The experience of fiction from childhood to adulthood*. Cambridge University Press.
Gee, J. P.(1996). *Social linguistics and literacies: Ideology in Discourses*(2nd ed.). New York: Routledge.

03

변형적 자아 발달

인간은 삶에서 일어나는 일을 성장의 기회로 삼고 자기 인격의 발달을 계속 추구한다. 변형적 자아는 자기 삶을 해석하고 개인적 성장을 추구하는 지속적이고 주관적인 서사적 정체성을 지닌다. 따라서 독서 경험은 자기 성장과 의미 추구 과정을 통해 자아 변형과 발달에 중요한 기여를 한다.

인간 발달 과정

프로이트(Sigmund Freud)가 인간 발달의 근원을 본능적인 심리 성적 욕구와 유년기 경험에 두었다면, 에릭슨(Erik H. Erikson)은 이러한 생물학적 토대 위에 사회적 상호작용과 문화적 환경이 평생에 걸쳐 자아 성장과 정체성 형성에 결정적인 역할을 한다고 보았다. 에릭슨은 프로이트가 간과했던 성인기 이후의 발달까지 포함하여 인간이 끊임없이 사회와 관계 맺으며 성장해 나가는 역동적인 존재임을 밝혀냈다.

에릭슨이나 프로이트와 같은 다른 발달 이론가들이 제시한 인간 발달의 기본 단계를 넘어서, 바우어(Bauer, 2021)는 개인이 어떻게 삶의 경험을 통해 주관적으로 자신을 변형시키며 더 높은 수준의 통합된 자아를 구축해 나가는지를 설명한다. 이는 특히 성인기 이후의 지속적인 자기 성장과 의미 추구 과정을 이해하는 데 매우 중요한 관점을 제시한다.

자아는 자기의 삶을 해석하고 성장을 계속 추구하는 서사적 정체성을 지닌다. 이러한 자아를 바우어(Bauer, 2021)는 '변형적 자아'라고 불렀다. 변형적 자아를 지닌 사람은 개인적 성장을 위해 노력하며 삶에서 일어나는 모든 일을 성장의 기회로 삼는다. 결국 변형적 자아는 '성장'이라는 아이디어를 중심으로 인생 이야기의 자아정체성을 형성해 간다.

바우어(Bauer, 2021)는 변형적 자아와 더불어 삶의 균형과 행복한 성장을 추구하는 '조용한 자아(Quiet Ego)'를 강조한다. 조용한 자아는 자신의 이기심을 초월하여 자기와 타인의 요구를 균형 있게 조정하며, 상호의존적인 인격 형성을 지향하는 특징을 갖는다. 바우어(Bauer, 2021)는 자기 삶의 경험을 통해 자기를 이해하고 구성하는 '자기 저술(self-authorship)' 능력이 어떻게 발달하는지를 설명한다.

인생 이야기를 이루는 요소

바우어(Bauer, 2021)는 변형적 자아, 조용한 자아를 포함한 좋은 삶을 이루는 이야기의 특징을 여러 가지 자아를 들어 설명했다. '기분 좋은 자아', '좋은 일을 하는 자아', '잘 생각하는 자아', '잘하는 자아' 등이 그것이다(Bauer, 2021:130～131).

'기분 좋은 자아'가 쾌락적 행복에 초점을 맞추고 있다면, '좋은 일을 하는 자아'는 사랑의 가치 지향, 즉 개인적으로 의미 있는 관계 · 활동, 의미 있는 신념, 도덕적 미덕에 대한 가치 지향에 초점을 맞춘다(Bauer, 2021:130). '잘 생각하는 자아'는 관점의 가치 실현을 보여 주는 이야기에서 나타난다. 이 '잘 생각하는 자아'는 지혜 있는 자아이기도 하며, 이야기는 인간적 가치 지향과 관점의 가치 실현을 담고 있다. '잘하는 자아'는 특히 행동하는 데 자기 계발을 뿌리에 두고 있고, 무엇을 잘하는 데 필요한 기술 개발에 초점을 맞춘다(Bauer, 2021:131).

바우어는 인생 이야기를 이루는 구성 요소로서 톤(tone), 주제(theme), 구조(structure)를 들었다. 이야기 구성의 세 요소 중, 먼저 서사적 톤은 이야기의 긍정성이나 부정성을 말한다. 변형적 자아는 긍정적 톤을 강조하지만, 자기 삶에서 일어난 사건에 대한 부정적 평가를 간과하지는 않는다. 삶의 사건에 대한 그 사람의 긍정적 · 부정적 평가는 그 사건을 이해하는 데 중요하며, 사람의 행복과 웰빙(well-being)과도 관련이 있다(Bauer, 2021:133~134).

서사적 주제는 소설 속 인물이 특정 주제와 연관될 때 소설 속 인물이 구현하는 삶의 특정한 가치를 전달한다. 인생 이야기의 주제와 톤을 통해 그 사람이 삶에서 어떤 유형의 가치와 의미를 중요하게 생각하는지, 자기 삶의 사건에 대해 만족하는지, 삶을 의미 있다고 여기는지 등을 알게 된다. 바우어는 인생 이야기의 주제는 주로 행복, 사랑, 성장이라 했다. 성장이라는 주제는 개발, 학습, 탐구, 확장,

심화 등에 초점을 맞추고, 안전이라는 주제는 보호, 예방, 보존, 통합, 탈출 등에 초점을 맞춘다(Bauer, 2021:160~163).

서사적 구조는 서사 주제와 톤의 복잡성과 일관성의 정도를 전달한다. 변형적 자아를 가진 사람은 적당한 수준의 가치 관점으로 자기 삶을 이야기할 가능성, 단순한 구조보다 복잡한 구조를 가질 가능성이 높다고 보았다(Bauer, 2021:199~221).

변형적 자아 발달 단계

바우어는 자기 저술자로서 인생 이야기를 하는 변형적 자아의 발달 과정을 8단계로 나누어 제시했다. 이는 자아가 시간이 지남에 따라 어떻게 더 복합적이고 통합적인 방식으로 진화하는가를 보여 준다(Bauer, 2021).

바우어의 자아 발달 단계에서 1단계는 충동적 변형적 자아다. 이 단계는 영아기 후반부터 시작하여 유아기까지에 해당한다. 성인(성인의 1% 미만 해당)을 포함하여 삶의 여러 상황에서 매우 미성숙한 상태로, 즉각적인 충동과 외부의 명확한 규칙, 통제에 따라 행동하는, 규칙 중심의 자아 단계다(Bauer, 2021:410~411).

2단계는 이기주의적 변형적 자아다. 유치원 시기로, 사람의 외모와 사물의 모습을 파악한다. 이기주의적 자아를 가진 사람은 자아를 우주의 중심으로 본다. 다른 사람의 주관적인 관점에 대한 관심은 거의 없다. 이 자아를 가진 사람은 개인적 성장을 쾌락 추구에 두고 쾌락 대 고통 이외의 다른 가치 지향에 대해서는 생각이 없고 자기가 원하는 것을 얻으려고 한다. 이기주의적 자기 저술자는 쾌락 대 고통, 또는 좋아하는 것과 싫어하는 것의 쾌락적 가치 지향 외에는 다른 아이디어를 파악하지 못한다. 자기 자신의 이익과 보호에 초점이 있다(Bauer, 2021:411～412).

3단계는 집단적 변형적 자아다. 2단계에서 이기주의적 자기 저술자는 자신의 집단이 자신을 위해 존재한다고 보는 것과 달리, 집단적 자기 저술자는 자신의 집단을 위해 자기가 존재한다고 본다. 집단의 소속감과 타인에게 인정받음을 중요시하고 집단 규범과 일치하는 것을 자기의 정체성으로 여기며 순응주의적이다. 집단적 자기 저술자에게 성장은 자신의 집단에서 필요로 하는 삶의 자질을 개발하는 것이며, 자기 집단에서 지위 계층으로 올라가는 것에 관심이 있다. 성인의 약 10%가 이 단계에 해당한다. 집단적 자기 저술자는 인생 이야기에서 행복주의적 성장 주제라는 특징을 3단계에서 처음으로 드러내고 있다(Bauer, 2021:415～417).

4단계는 독립적 변형적 자아다. 이 단계는 순응주의적 관점과 비판적 관점이 섞여 있다. 이 단계에서 성장의 개념은 독립적인 사람이 되는 것을 의미한다. 행위 주체적이고 독립적으로 되는 것은 자신의 믿음과 삶의 길을 자신이 선택한다는 것을 의미한다. 성인의 약 40%가 독립적 변형적 자아로 살아간다. 그래서 독립적 자기 저술자는 절반은 집단적이고 절반은 구성주의적 방식으로 성장을 촉진한다(Bauer, 2021:421~423).

5단계는 구성주의적 변형적 자아다. 구성주의적 변형적 자아는 개인, 집단, 사회가 상호작용하여 만든 사고 체계로서, 이 단계에서는 독자적이고 개인적인 정체성이 발전한다. 자신의 내면세계의 복잡성, 모순적인 감정, 역설적인 상황을 이해하고 포용한다. 불확실성과 모호함을 견디는 능력이 높아지며 기존의 사회적 규범에 대해 비판적인 시각을 갖는다. 자신만의 의미 체계를 구축하고, 내면적 지혜에 귀를 기울이기 시작한다. 구성주의적 자기 저술자의 성장은 행위 주체적이고 공동체적이다(Bauer, 2021:424~428).

6단계는 유기체적 변형적 자아다. 유기체적 자기 저술자는 특정한 이념이나 신념 체계에 따르기보다는 실제적인 삶의 맥락에서 더 포괄적으로 자기를 이해하려고 한다.

다른 사람과의 관계에서도 자신의 맥락에서 의미를 찾고, 자아를 체계적인 자기 조직화 시스템으로 해석할 때, 개성이 발달한다는 것을 발견한다. 유기체적 자기 저술자는 자아는 시간의 흐름 속에서 끊임없이 변화하고 발달하는, 살아 있는 유기체와 같다고 이해한다(Bauer, 2021:431).

7단계는 역동적 변형적 자아다. 역동적 자아 단계의 사람은 갈등을 단순한 문제로 여기지 않고, 서로를 깊이 이해하고 함께 성장할 기회로 활용한다. 자신의 목표나 의도가 하나의 방식으로만 이루어지는 것이 아니라, 여러 가지 형태로 충족될 수 있다는 것을 알고 있다. 바우어는 '자기실현'을 매슬로(Abraham H. Maslow)의 '자기실현'과 같은 의미로 해석하며, 역동적 자아는 자율적이고 통합적인 자아 발달 단계로 보았다(Bauer, 2021:436~441).

8단계는 통합적 변형적 자아다. 이 단계는 성인 인구의 2% 미만이 해당하며, 고도로 통합된 자아 발달 단계다. 이 단계의 사람은 삶의 모든 면을 포괄하고 조화롭게 통합한다. 갈등이 발생할 때도 행복, 인간 존중, 성장에 대한 통찰력을 활용하여 균형 있는 해결책을 모색한다. 통합적 자기 저술자는 '성장'을 '반드시 이루어야 할 이상'으로 보기보다는 삶의 전개 속에서 '실현 가능한 곳에서 나타날 아이디어'로 인식하며 삶의 사건들을 수용한다. 이는 에릭슨의

'자아 통합', 매슬로의 '자기실현'과 유사한 개념으로 본다(Bauer, 2021:442~445).

8단계 이후의 단계에서는 이전 단계에서 얻은 새로운 기술을 활용하며 이를 확장하거나 초월한다. 이 단계에서의 새로운 기술이란 자기 이해를 위한 언어적 능력을 초월한다는 것이다. 8단계 이후의 사람은 언어의 한계를 이해한다(Bauer, 2021:446).

참고문헌

Bauer, J. J.(2021). *The transformative self: Personal growth, narrative identity, and the good life*. Oxford University Press.

04

자아 표현으로서 독자 반응

독자는 자신의 경험과 지식을 바탕으로 의미를 능동적으로 재구성한다. 텍스트 읽기를 통한 자극이 독자의 마음에 불러일으키는 다양한 변화를 독자 반응이라고 한다. 자아 표현으로서 독자 반응은 독자가 자신의 삶을 성찰하고, 이를 기반으로 인지적, 정의적, 사회적인 발달을 촉진하며 확장할 수 있는 강력한 실천이다.

독자 반응의 개념과 성격

'독자 반응'은 텍스트라는 외부 자극이 독자의 마음에 불러일으키는 다양한 변화를 말한다. '독자 반응 이론'은 독자의 반응에 초점을 맞춘 대표적인 문학 이론으로, 텍스트 해석에 대한 독자의 역할과 반응을 강조한다.

독자 반응 이론은 문학 텍스트에 대한 독자의 반응에 초점을 맞춘다. 이 독자 반응 이론은 개인 또는 공동체의 읽기 경험이 어떤 과정에 따라 이루어지는지를 이해하도록 돕는 문학 연구 분야다. 이 이론을 통해 텍스트, 독자 경험, 독자가 속한 지적 공동체 등의 요소들과 독자가 텍스트를 읽는 과정 사이에 어떤 연관성이 있는지를 알 수 있다. 독자들은 문학 텍스트가 제시하는 의미를 수동적으로 수용하는 것이 아니라, 문학 텍스트 안에서 능동적이고 적극적으로 의미를 탐색하고 또 만들어 낸다. 이는 같은 텍스트라도 독자들에 따라 매우 다른 반응들이 나올 수 있다는 것을 전제한다. 텍스트는 물적 존재이지만, 단순한 어떤 대상이 아닌, 독자의 내부에서 벌어지는 하나의 사건이다(Tyson, 2006). 독서 교육의 핵심은 인지적 · 정의적 · 사회적 특성 등을 길러서 결국 독자의 자아 성장을 도모하는 것이라고 할 수 있다.

독자 반응 이론의 대표적 연구가인 로젠블랫(Louise

M. Rosenblatt)은 저서(Rosenblatt, 1938, 1978)를 통해 텍스트 해석에서 텍스트와 독자 간의 교류를 강조했다. 로젠블랫은 독서 행위를 특정한 시간과 환경 아래 다른 배경지식과 신념을 가지고 있는 독자와 텍스트가 만나는 하나의 사건이라 했다. 이때 독자는 독서의 과정에서 일정한 위치에 있게 되는데, 이를 원심적 독서와 심미적 독서로 설명한다. 원심적 독서는 텍스트에서 의미를 추출하는 것을 목적으로 하며, 독자는 텍스트에 대해 논리적이고 분석적인 태도로 접근한다. 반면에 심미적 독서는 즐거움을 목적으로 하며, 다양한 의미를 담고 있는 '시'(텍스트)의 아름다움을 경험한다. 독자는 원심적이고 심미적인 영역을 넘나들면서 '시'(텍스트)와 교류하며 다양한 반응을 형성한다(이순영 외, 2015).

독자 반응을 촉진하는 질문

독자 반응을 촉진하는 질문은 독서 지도에서 상당히 중요하다. 예를 들어 빌헬름(Wilhelm, 2008)은 ① 이야기 세계로 들어가기, ② 이야기의 행동에 관심 보이기, ③ 등장인물과 관계 맺기, ④ 이야기 세계 보기, ⑤ 이야기 세계 정교화하기, ⑥ 문학을 삶과 연결하기, ⑦ 의미 고려하기, ⑧ 문학적 관행(장치) 인식하기, ⑨ 교류로서 읽기 인식하기, ⑩

저자 · 독자로서 자기 평가하기 등으로 열 가지 유형의 질문을 제시하고 있다. 이를 간단하게 살펴보기로 한다.

1단계는 '이야기 세계로 들어가기'다. 이 단계는 독서 경험이 자기 이해와 자아 성장을 위한 실천으로 나아가는 준비 단계다. 독자가 텍스트와 능동적으로 상호작용하며 의미를 구성하고, 나아가 자아 성장의 토대를 만드는 과정이다. '책을 보고 처음 느낌은 어떤가?', '이야기가 어떻게 전개될 것 같은가?', '지금 무엇을 알고 싶은가?' 등의 질문을 하며, 책 표지나 그림 등 시각적 요소를 통해 텍스트에 대한 첫인상을 형성하고 내용을 예측한다. 또 독서 동기를 유발하고, 텍스트 세계와의 정서적 연결을 강화한다. 독자는 자신의 경험과 지식을 텍스트와 연결하고, K-W-L 전략이나 브레인스토밍과 같은 활동으로 배경지식을 활성화하며 이해의 지평을 확장한다.

2단계는 '이야기의 행동에 관심 보이기'다. 독자가 텍스트의 실제 이야기로 들어가며 의미를 탐색하는 단계다. '첫 단락을 읽을 때 무슨 생각이 드는가?', '스스로 자기에게 질문하거나 텍스트에 질문을 하고 있는가?', '다음에 무슨 일이 일어날 것 같은가?' 등의 질문을 한다. 텍스트를 읽으며 자신에게 주의를 끄는 요소에 몰입하고, 저자의 의도를 추론한다. 이 과정에서 독자는 스스로 질문을 던지거나 텍스트에 대해 비판적인 질문을 하며 다음 전개에 대한 예측을 활발하게 한다.

3단계는 '등장인물과 관계 맺기'다. 독자가 텍스트 속 인물들과 정서적, 인지적 상호작용을 하며 의미를 재구성하고 내면화하는 단계다. '그 인물을 좋아하는가? 그 이유는?', '그 인물의 문제는 무엇인가? 어떻게 해결되는가?', '인물들이 무엇을 생각하고 있는지 알았는가?' 등의 질문을 한다. 등장인물의 사유 과정과 내면세계에 대한 탐구는 독자 자신의 가치관을 성찰하고 타인에 대한 이해를 확장하는 중요한 계기가 된다. 등장인물 일지 작성, 편지 쓰기, 등장인물에 관한 토론, 또는 다른 관점에서 이야기 재진술 등 등장인물과의 관계 맺기를 구체화한다.

4단계는 '이야기 세계 보기'다. 텍스트가 제시하는 시간적, 공간적 배경을 상상하고 재구성하며 몰입하는 단계다. '이야기의 시간과 장소에 관해 어떤 인상을 받고 있는가?', '인물들의 관계와 위치는 어떠한가?', '영화의 어떤 장면으로 만들거나, 그림으로 그린다면?' 등의 질문을 한다. 독자는 저자의 섬세한 묘사를 통해 사건이 전개되는 장소와 인물들의 환경을 시각적으로 구체화한다. 이는 독자의 기존 경험과 연결되어 이야기 세계를 더욱 생동감 있게 인지하게 한다.

5단계는 '이야기 세계 정교화하기'다. 독자가 텍스트의 한계와 가능성을 탐색하며 비판적 사고와 창의적 상상력을 발휘하는 단계다. '만약 ㅇㅇ가 일어나지 않았다면(일어났다면) 어떻게 되었을까?', '이야기의 다른 결말이 있다면 어떤 것일까?', '이 책에 관해 친구들에게 무엇을 말해 줄 수 있을까?' 등의 질문을 한다. 독자는 생략된 정보나 에피소드를 추론하고, '만약 ~이었다면'과 같은 가상의 질문을 통해 이야기의 인과관계나 필연성을 생각한다.

6단계는 '문학을 삶과 연결하기'다. 텍스트의 의미가 독자의 삶 속에서 내면화되고 재구성되는 단계다. '이야기에서 일어난 것처럼, 당신의 삶에서 일어나고 있는 것은 무엇인가?', '등장인물 중에서 당신이 아는 사람과 닮은 사람이 있는가? 왜 그러한가?', '이 책은 당신이 믿는 것, 옳거나 진리라고 믿는 것에 영향을 주었는가?' 등의 질문을 한다. 독자는 이야기 사건과 인물들을 자신의 실제 경험이나 주변 인물에 투영하며 정서적, 인지적 공감대를 형성한다.

7단계는 '의미 고려하기'다. 독자가 텍스트의 특정 부분에 주목하여 그 의미와 저자의 의도를 깊이 탐색하는 단계다. '가장 좋아하는 부분이나 가장 인상적인 부분은?', '저자는 독자에게 무엇을 기대하고 있는가?', '만약 이 이야기를 영화로 만든다면 조명이나 음악은 어떻게 할 것인가?'

등의 질문을 한다. 독자는 텍스트에서 생략되거나 함축된 의미를 추론하고, 저자가 독자에게 기대하는 바가 무엇인지 질문하며 텍스트와 상호작용한다. 독자는 텍스트를 영화화하는 상상 활동을 통해 이야기의 메시지를 재해석한다. 이는 텍스트에 대한 심미적 반응과 비판적 통찰을 심화한다.

8단계는 '문학적 관행(장치) 인식하기'다. 독자가 텍스트의 이야기 기법이나 문학적 장치 등을 분석하여 저자의 의도나 그 효과를 파악하는 단계다. '이야기가 일어난 순서대로 서술되고 있는가?', '이야기를 누가 하고 있는가?', '저자는 사건의 실제 시간과 순서를 왜 바꾸었는가?' 등의 질문을 한다. 독자는 이야기의 비선형적 시간 구성, 서술자의 시점 변화 등이 독자 반응과 이야기의 의미에 미치는 영향 등을 탐구한다. 다른 관점이나 새로운 시간 순서로 이야기를 재구성하는 활동은 텍스트의 구조적 특성이나 다층적 의미를 심층적으로 인식하게 한다.

9단계는 '교류로서 읽기 인식하기'다. 독자가 텍스트 뒤에 존재하는 저자의 존재와 의도를 인식하며, 독서 행위를 저자와의 상호 교류로 보는 심화 단계다. 독자는 저자의 세계관, 태도, 서술 방식에 대해 비판적으로 질문하고, 텍스트의 개선점을 모색하며 텍스트를 재평가한다.

마지막 10단계는 '저자 · 독자로서 자기 평가하기'다. 독자가 자신의 독서 경험을 성찰하며, 텍스트와 자신의 관계를 정립하는 단계다. 독자는 저자가 의도한 독자 정체성과 자신의 독자 정체성을 비교하고, 저자의 세계관에 관한 공감 여부를 명확히 하면서 비판 의식을 확립한다. 이 단계는 책 추천, 다시 읽기 권장과 같은 실천으로 이어지며, 이 단계에서 사서에게 보내는 편지 쓰기처럼 독서 경험을 바탕으로 외부 대상에게 의견을 제시하는 등 비판적 독자의 자세를 갖게 된다. 이 과정은 독자를 단순히 텍스트를 수용하는 사람이 아닌, 의미의 공동 생산자이자 텍스트의 평가자이며 비판적 주체자로서 자리매김하게 하여 독자의 위상을 높여 준다.

참고문헌

이순영·최숙기·김주환·서혁·박영민(2015). 『독서교육론』. 사회평론.

Rosenblatt, L. M.(1938). *Literature as exploration*. D. Appleton-Century company, Inc. 김혜리·엄해영 옮김(2006). 『탐구로서의 문학』. 한국문화사.

Rosenblatt, L. M.(1978). *The reader, the text, the poem: The transactional theory of the literary work*. Southern Illinois University Press. 김혜리·엄해영 옮김(2008). 『독자, 텍스트, 시: 문학작품의 상호 교통 이론』. 한국문화사.

Tyson, L.(2006). *Critical theory today*. Macmillan publish. 윤동구 옮김(2012). 『비평이론의 모든 것』. 앨피.

Wilhelm, J. D.(2008). *You Gotta BE the Book: Teaching Engaged and Reflective Reading with Adolescents*. Teachers College Press. 207~219.

05

상징 자원 활용으로서 독서 경험

독서는 단순한 텍스트의 이해를 넘어 자신의 존재와 인식을 확장하는 자기 성찰의 과정이며 자기 이해의 과정이다. 영화, 음악, 미술 등의 예술 형태와 같은 '상징 자원'은 삶의 복합적인 문제를 해결하는 데 활용된다. 독서 경험 역시 이러한 상징 자원을 활용하는 대표적인 활동으로, 삶의 태도, 자아 건축, 전인적 인간 발달을 촉진한다.

자기 이해

독서를 통해서 얻게 되는 가장 중요한 내용은 자기 이해다. 타자와의 만남을 통해 삶을 돌이켜 살펴봄으로써 자신을 해석하고 이해하는 반성적 과정의 산물이 자기 이해다(Ricoeur, 1990). 또 가다머(Gadamer, 1960)에 의하면, 이해하는 주체 선입견의 타당성을 검토하고 전통을 이해하는 역사적 지평을 확보하려는 과정에서 현재의 지평이 형성된다. 역사적 지평과 현재의 지평은 이렇게 상호적이며, 두 지평이 배타적으로 작동하지 않고 온전한 이해를 위해 경계선을 넘나들며 서로 합쳐지는데, 이를 '지평 융합'이라 했다. 가다머는 지평은 역동적이며 '서로 무관하게 존재하는 것처럼 보이는 다른 지평들의 상호 융합 과정'을 '이해'라 했다(이하준, 2020).

리쾨르는 저자의 의도를 이해하는 독서에서 나아가 실존 이해, 작품 이해를 넘어서서 독서 행위를 통한 자기 이해에서 해석이 완성된다고 보았다. 텍스트라는 매개를 통해 자기를 이해한다는 것은 자기와는 다른 조건을 수용함으로써 해석이라는 에움길을 거쳐 자기의 존재 가능성을 찾아내고 자기의 지평을 넓혀 가면서 자기를 이해한다는 것이다(이국환, 2013).

리쾨르는 자기가 스스로 생각해서 자기를 아는 것이 아

니라, 텍스트 앞에서 텍스트를 통해서 자기를 이해할 수 있음을 강조했다. 해석은 독자가 텍스트의 의미를 찾아내는 것이 아니라, '텍스트 자체가 독자 앞에서 펼쳐 보이고 드러내고 보여 주는 것'이라 했다. 이는 텍스트에 대한 편견이나 선입견, 그리고 목적을 가진 의도된 해석은 배제한다는 의미다. 리쾨르는 기존의 텍스트에 대한 이해가 권위에 의존하고 단일한 해석에 치중함을 비판하며 텍스트와 독자 간의 소통이 해석의 중심이 되어야 함을 역설했다. 텍스트를 읽는 행위는 텍스트의 세계와 독자의 세계가 맞닿는다는 것이다. 즉 텍스트의 지평과 독자의 지평이 '충돌(collision)'하도록 하는 것이 읽기 행위다. 텍스트의 세계는 읽기를 통해 독자가 독자 자신의 세계를 알 수 있도록 자기 이해의 길을 열어 준다(이서영, 2014).

이야기 정체성

리쾨르가 말한 '이야기 정체성'이란 타자와의 만남을 통해 삶을 돌이켜 살펴봄으로써 자신을 해석하고 이해하는 반성적 과정의 산물이다(Ricoeur, 1990). 이는 이야기 정체성이 각자의 이야기를 통해 해석되며, 자기가 타자를 통해 그리고 타자와 함께 규정된다는 것을 의미한다. 즉, 리쾨르는 인간의 정체성은 이야기와 타자를 통해 그리고 타자와 이야기를 주고받는 행위를 통해 자기를 해석하고 규정함으로써 형성되고 재구성되는 것이라 했으며, 이를 '이야기 정체성'이라 했다(윤민아, 2018).

리쾨르의 이야기 정체성은 이야기를 받아들이고 만들어 나감으로써 형성되는 서사적 정체성을 말한다. 한 개인의 정체성에 대해 말한다는 것은 주체의 행동이 만들어 내는 사건을 줄거리로 엮어 이야기하는 것이다. 미메시스 III의 재형상화 단계에서 이루어지는 구체적이고 일상적인 자기 이해의 실천은 독자의 이야기 정체성의 형성이라 할 수 있다. 독자는 텍스트를 읽으며 특정 인물과의 동일시 또는 특정 내용의 전이를 경험하며 이를 자기 것으로 만들어 간다. 텍스트에 대해 이해하여 자기 것으로 만든다는 것은 독서를 통해 공감 또는 반감을 느끼고 이 과정에서 독서 이전에는 경험하지 못했던 자기를 발견하고 이야기를 형성한다는 것이다.

리쾨르는 '자기 인식은 하나의 해석이다'라고 하며, '자기에게 투영한 직접적인 자기 인식'을 부정하고, 오로지 내면의 것을 밖으로 끄집어내어 외재화하고 대상화할 때만 내면의 실체를 파악할 수 있다고 했다. 텍스트 앞에서 자기를 이해한다는 원칙에서 보면, 내가 '나'를 이야기한다는 것 자체가 '나'에 대한 해석이고, 이 해석을 통해 '나'는 '나'

를 이해하는 것이며, '나'는 곧 '나'의 이야기를 통해 자신을 이해하는 것이다(이기언, 2009).

인간의 자기 이해는 텍스트 뒤에서 이루어지지 않고 그 앞에서 이루어지는 것이며, 그것은 텍스트가 말하고자 하는 새로운 세상이다. 그 텍스트를 말한 사람의 말에는 하이데거가 말하는 존재의 말이 들어 있다. 독자가 해석해서 이해하는 것은 제안된 새로운 세상이다. 저자나 독자나 모두 언어를 통해 새 세상을 내다보는 것이다. 텍스트가 이루어 내는 새로운 세상의 가능성 안에서 새로운 자기의 가능성을 발견하는 것이 자기 이해다. 그것은 독서 행위에서 생기는 감동과 같이 발생한다. 결국 인간은 이야기하면서 자기를 이해한다. 또 남의 이야기를 이해하면서 자기를 이해한다. 개인이나 공동체는 자신들의 실제 역사가 되는 이야기들을 받아들임으로써 정체성이 형성된다(양명수, 2005).

자기 이해를 위한 상징 자원

책을 읽는 삶에는 새로운 세계를 만나는 즐거움이 있다. 즐거움이 있는 독서는 텍스트와 독자의 의식적 · 무의식적 순환을 통해 의미를 창조해 내는 지적인 과정이다. 이러한 지적인 순환으로 인간은 성장한다. 책은 인생의 새로운 관점이나 인간의 잠재력에 대한 지각을 열어 주고 어떤 심각한 욕구나 고민을 해결해 준다.

사람들은 삶의 전환점이 되는 시기에 내적인 경험과 능력을 이용하여 문제를 해결하기도 하지만, 다른 사람들로부터 외적인 도움이나 조언을 받기도 한다. 나아가 사회적으로 인정되는 상호작용이나 관습, 논증 방식이나 판단, 규칙, 의미 구조 등의 상징적 요소들을 지닌 문화적 가공물을 외적인 도움이나 조언을 대신하여 문제를 해결하는 자원으로 활용하기도 한다. 이때 사람들이 처음에 만들어진 목적이나 의도와는 무관하게 문제 해결 과정에서 활용하는 문화적 가공물이나 상징적 도구를 '상징 자원'이라 한다(Zittoun, 2006). 영화, 음악, 미술, 드라마, 문학작품 등 인간이 만들어 낸 인공물들은 일종의 상징 자원으로서 역할을 한다. 이런 차원에서 독서도 상징 자원을 활용하는 대표적인 행위다. 왜냐하면 독자는 텍스트가 초대하는 세상과 교류하면서 새롭게 의미를 구성하고, 자신의 문제 상황에 적용하여 활용함으로써 독서 경험이 하나의 자원이 되기 때문이다. 이때 독자의 독서 경험은 저자의 의도와는 무관하게 펼쳐질 수 있다. 따라서 독서 교육에서도 삶의 전환점에 있는 청소년들이 독서 경험을 축적하며 상징 자원 활용 능력을 함양하도록 가정, 학교, 사회에서의 애정과 관심이 필요하다.

청소년기의 독서 과정은 이러한 상징 자원을 활용하는 능력을 기르는 계기가 되는 동시에 독서 행위 그 자체로서 상징 자원을 활용하는 경험이 될 수 있다. 특히 청소년기에는 여러 가지 갈등과 문제 상황을 독서 경험을 통해 이해하고 통찰함으로써 바람직한 삶의 태도를 기를 수 있고 자아정체성을 확립할 수 있다.

인간 발달 과정에서 상징 자원 활용에 관해 연구한 대표적인 학자는 지툰(Tania Zittoun)이다. 지툰에 의하면, 상징 자원은 여러 가지 측면에서 인간 발달을 촉진한다.

첫째는 인간의 문화적 경험은 문화적 요소라는 상징 자원의 활용으로 볼 수 있다. 이러한 문화적 경험은 가상적인 영역뿐만 아니라 다른 영역의 경험과 연계하여 활용될 수 있다.

둘째는 상징 자원은 한 개인의 과거 및 실현 가능한 미래와 연결하여 사용될 수 있다. 이는 자신의 과거 경험을 성찰하고 의미를 재구성하며, 동시에 미래의 목표와 가능성을 탐색하고 삶의 방향성을 설정하는 데 활용될 수 있다.

셋째는 상징 자원은 여러 수준의 기호적 매개를 통해 삶의 방향 설정 시스템을 개발하는 데 도움이 될 수 있다.

발시너(Jaan Valsiner)는 기호적 매개에 따른 역동적인 위계 모형을 개발했다. 역동적인 위계 모형에서 감정의 변형에 관해 설명할 때 기호적 매개의 위계를 네 수준으로 나누었다. 1수준은 생리학적인 사건을 모으고 인정하게 한다. 2수준은 그 감정적인 경험에 이름을 붙이거나 명칭을 말한다. 3수준은 감정의 범주적 자격을 부여하거나 정의와 연결하여 일반화된 느낌을 부여한다. 4수준은 모호한 신념 혹은 기본적인 태도의 수준에서 현재의 경험을 과잉 일반화한다. 발시너는 이러한 매개 수준을 무의식적인 것(체화한 것), 의식적인 것(이름을 부르고 범주화한 것), 초의식적인 것(과잉 일반화한 것)으로 구분하기도 했다(Zittoun, 2006).

마지막 넷째는 상징 자원은 불확실성을 낮추고 감정적인 경험을 정교화하여 의식적이고 무의식적인 사고를 연결한다. 그리하여 자아를 건축하는 과정에서 새로운 가능성을 만들 수 있는 연결과 연결 해제의 과정을 가능하게 한다. '자아 건축'이란 현실적 혹은 가상적인 타자들과 상호작용하면서 임의로 채택하는 포지션의 내면화 구조를 말한다. 이때 '건축'이라는 메타포는 살아가면서 겪는 사회적 상호작용과 경험을 통해 내면세계가 특정한 방향성과 힘의 영향을 받으며, 견고한 구조를 형성해 나간다는 의미다. 다시 말해 '자아 건축'은 자신만의 내면 건축물을 짓고 보강해 나가는 과정을 말한다(Zittoun, 2006).

인간은 환경과의 상호작용을 통해 다른 경험과의 관계 속에서 자기 경험을 재구성하고, 경험의 의미를 증폭하는 능력을 지니고 있다. 이전의 경험을 토대로 하여 의미가 증가하는 현상을 듀이(John Dewey)는 '성장'이라 했다. 듀이는 교육적 측면에서 가치 있는 경험과 그렇지 않은 경험을 구별하고, 가치 있는 경험이 지닌 두 가지 원리, 즉 연속성과 상호작용의 원리를 강조했다. 연속성의 원리는 가치 있는 경험은 과거의 경험과 연결되어야 하고, 미래의 경험에서 중요한 결과를 얻을 수 있어야 한다는 것이다. 상호작용의 원리는 가치 있는 경험은 개인과 환경의 상호 교류로 형성된다는 것을 말한다(정옥년, 2017).

듀이가 말하는 경험은 인간과 환경이 상호작용하는 그 자체이며, 상호작용 요소들을 구분하거나 분리할 수 없는 총체적인 모습의 경험을 의미한다. 특히 상호작용으로 경험 주체의 삶에 질적 변화를 가져오는 경험을 '하나의 경험'이라 했다(권정선 · 김회용, 2015). 듀이의 '하나의 경험'이란 경험에 작용하는 모든 부분과 구성 요소가 조화를 이루어 하나의 통합된 완결 상태에 이르게 되는 경험을 의미한다. 독서로 보자면, 독자가 책을 읽는 행위는 가치 있는 '하나의 경험'이 될 수 있다. 책 읽기를 통해 지적 · 정서적 · 사회적 자극을 받고, 과거, 현재, 미래를 연계하여 삶을 통찰하고 내면화하면서 실천하는 독서 경험이야말로 듀이가 말하는 '하나의 경험'에 속한다고 할 수 있다.

독자의 능동적인 역할을 강조한 이저(Wolfgang Iser)도 텍스트는 언제나 '열려' 있으며, 텍스트의 의미는 독자의 해석을 통해서만 그 모습이 드러난다고 했다. 텍스트는 항상 독자에 의해 메워져야 할 여백이 있고, 그 여백은 해석 과정에서 채워진다고 했다. 독자들은 독서 행위를 통해 텍스트의 여백을 메워 가며 작품을 완성하는 공동 저자가 된다(장도준, 2010). 독서 경험은 독자가 텍스트와 개별적으로 대화를 나누는 의미 창조 행위라 할 수 있다.

청소년 독자의 발달을 위해 독서 경험이라는 상징 자원을 활용함으로써 자기 이해, 타자 이해, 세계 이해로 확장되어 가는 과정에서 상상력과 창조성은 필수적인 능력이다. 상상력은 학습 활동 안에 존재하는 상징을 직접적인 의미로 번역하고 통합하여 그 활동의 의미를 확장하고 풍부하게 하는 역할을 한다. 독서 행위에서도 자기를 내면화하고 실천으로 외면화하는 과정에서 상상력은 중요한 기능을 한다. 비고츠키(Lev S. Vygotsky)도 인간의 핵심적인 특성을 창조성으로 보고, 인간은 삶 속에서 크고 작은 창조를 실현하는 존재이며, 인간이 경험을 넘어선 새로운 대상을 창조하기 위해서는 기존 이미지들을 조합하고 세공할 수 있는 '상상력'이 필수라 했다(홍명희, 2007). 인간 발달을 위해, 상징 자원 활용이라는 독서 경험을 쌓아 가기 위해, 상상력과 창조력도 함께 길러져야 할 요긴한 능력이라 할 수 있다.

참고문헌

권정선·김회용(2015). 듀이 철학에서 상상력의 교육적 의미. ≪교육철학연구≫, 37권 2호, 23~45.

양명수(2005). 인간의 자기 이해는 어떻게 일어나는가?. ≪철학과 현실≫, 66호, 95~107.

윤민아(2018). 폴 리쾨르의 3중의 미메시스론에 근거한 유아의 내러티브 정체성 형성 연구. 한국교원대학교 박사학위논문.

이국환(2013). 독서, 연민과 자기 이해의 여정. ≪국제언어문학≫, 28호, 25~51.

이기언(2009). 폴 리쾨르: 해석학과 자기 이해. ≪불어불문학연구≫, 79집, 401~439.

이서영(2014). 자기 이해를 위한 인문적 사회과교육. 한국교원대학교 박사학위논문.

이하준(2020). 자기 이해로서의 독서와 교양 독서교육 비판. ≪철학논총≫, 101권 3호, 155~177.

장도준(2010). 독자반응이론에 대하여. ≪한국어문연구≫, 19호, 207~245.

정옥년 (2017). 평생 독자의 성장과 교육적 지원. ≪독서연구≫, 43호, 35~66.

홍명희(2007). 상상력의 교육과 교육적 상상력. ≪프랑스문화예술연구≫, 21호, 1~21.
Gadamer, H. G.(1960/1990). *Wahrheit und Methode*. J. C. B. Mohr Verlag (Paul Siebeck). 임홍배 옮김(2012). 『진리와 방법 ②: 철학적 해석학의 기본 특징들』. 문학동네.
Ricoeur, P.(1990). *Soi-même comme un autre*. Seuil. 김웅권 옮김(2006). 『타자로서 자기 자신』. 동문선.
Zittoun, T.(2006). *Transition : Development through symbolic resources*. Information age publishing. 263~279.

06

읽기와 쓰기의 통합을 통한 자기 이해

글쓰기를 위한 읽기 전략에는 모방 전략, 이해 전략, 채굴 전략이 있다. 모방 전략은 모범이 되는 텍스트를 활용하여 글쓰기 기술을 습득하는 것, 이해 전략은 텍스트의 요점을 정확히 파악하고 자신만의 의미를 구성하는 것, 채굴 전략은 특정 글쓰기의 목적에 맞게 텍스트에서 필요한 특징이나 아이디어를 선별적으로 찾아내어 자신의 글에 적용하는 것이다. 이러한 전략의 초점은 삶의 문제와 연결하면서 관련성을 추구하고, 자신을 성찰하는 데 있다.

읽기와 쓰기의 관련성

쓰기를 위한 읽기는 글쓰기라는 문제 해결에 필요한 자원으로, 독자의 기존 스키마를 활성화하고 새롭게 의미를 구성하는 과정이다. 글쓰기를 위한 읽기는 문제 해결에 필요한 지식을 학습자가 선택하고, 조직하고, 연관 지으면서 수사학적 전통에 맞춰 새롭게 변형해 가는 과정이다. 구성주의 이론에 따르면 읽기와 쓰기는 같은 성격을 띤다. 기존의 텍스트를 읽으면서 새롭게 자신의 텍스트를 구성해야 하는 필자는 자료의 내용을 해체하고, 거기서 끌어낸 내용을 다시 배열하면서 텍스트 내용을 선택하여 여러 가지 준거를 이용할 수 있으며, 알고 있는 것에 근거하여 또 다른 내용을 생성할 수 있다. 독자들이 이해하는 구조가 텍스트에서 제시된 것과 다를 경우에는 텍스트 내용의 구조적 변형이 일어난다(정옥년, 2007:82~83).

예를 들어 글쓰기를 위해서 모방 전략, 이해 전략, 채굴 전략 등의 읽기 전략이 필요할 수 있다(정옥년, 2007). 모방 전략은 모범이 되는 텍스트를 활용하여 글쓰기 기술을 습득하는 것으로, 고전적 수사학의 오래된 전통을 토대로 한다. 모델 글이 가지고 있는 어휘, 문장, 아이디어, 문단 구조, 전개 방식, 문체 등을 보고 자기가 쓰는 글에 그대로 활용할 수 있는 전략이다(정옥년, 2007:88).

글쓰기를 위한 읽기 전략의 두 번째 범주는 이해 전략이다. 이 전략은 텍스트의 핵심 요점을 정확히 파악하고 자신만의 의미를 구성하는 과정이다. 그리고 파악한 요점을 가지고 의미 있는 구조를 만들고 정교화와 추론을 하면서 생각을 더 확장하며, 더 큰 요점에 기반을 둔 거시 구조를 형성한다. 이것은 복잡하고 구조화된 개인적인 의미 표상이다. 이렇게 구성된 이해 표상들을 글쓰기에 활용하려고 하는 것이 이해 전략이다. 이 전략은 독자가 구성하고 있는 이해의 표상이 어떤 성격이냐에 따라 텍스트 기반 전략, 스키마 기반 전략, 대화 전략 등으로 나눈다.

텍스트 기반 전략은 요점을 찾아 가면서 텍스트를 읽고, 그것들을 연결하는 어떤 광범위한 아이디어나 용어를 찾아 새로운 텍스트를 조직하기 위해서 사용한다. 이 전략은 학교에서 사용해 온 바꾸어 말하기, 요약하기, 내용 암송하기 등과 같은 이해 전략을 말하는 것이며, 텍스트 자체에 영향을 받는다. 이것은 빠르고 효율적이며 텍스트에 충실한 읽기 전략이다(정옥년, 2007:90).

스키마 기반 전략은 텍스트 내용에 영향을 덜 받으며, 독자가 이미 가지고 있는 배경지식에 영향을 받는 전략이다. 독자는 텍스트를 읽으면서 자기가 좋아하고 이미 알고 있고 동의하는 아이디어만 선택해서 이를 글쓰기에 활용하고 나머지는 무시한다. 이러한 전략은 독자의 스키마를 정보를 선택하는 하나의 필터로 사용하기 때문에 글쓰기를 위한 읽기 전략으로서 대단히 효과적일 수 있다. 텍스트를 읽다가 좋아하는 아이디어가 눈에 띄면 글을 조직하는 아이디어로 바로 활용하는 것이다(정옥년, 2007:91).

대화 전략은 텍스트 내용을 독자 마음대로 선택하거나 한 번 사용하고 버리는 것이 아니라, 텍스트가 말하고 있는 내용이 무엇인지 귀를 기울이고 기회가 되면 그것을 다시 반복하여 읽는다. 텍스트가 의미하는 내용에 질문하면서 대화 전략을 사용하는 필자는 문제가 되는 아이디어를 더 잘 이해하기 위해서 적극적으로 움직인다. 이러한 대화에서는 출처 자료들끼리 서로 대화하는 것도 허용된다. 일종의 상호텍스트성이 활성화된다. 이때 대화 전략은 스키마 기반이나 텍스트 기반 전략으로 만들어진 것과는 질적으로 다른 의미 표상을 만들어 낼 수 있다. 대화 안에서 권위 있는 텍스트와 독자의 사전 지식, 그리고 추론이 만나게 된다. 여기서 주장들은 다른 증거나 다른 경험에 비추어서 검증되며, 어떤 맥락 속에 있는 아이디어로 나타난다(정옥년, 2007:91～92).

텍스트 기반, 스키마 기반, 그리고 대화 전략은 자신이 알고 있는 지식을 말하는 것에 그치지 않고 이를 변형하기 위해서 글쓰기에 활용하는 것에 관심이 있는 사람이라면 특히 중요한 전략이 될 수 있다. 텍스트 기반과 스키마 기반의 이해 전략은 적어도 학생들이 새로운 정보를 배우고, 사전 지식을 재조직하도록 도와준다. 그러나 텍스트 기반 전략은 텍스트에 지나치게 의존하며, 스키마 기반 전략은 독자의 사전 경험과 신념에 많이 의존한다. 그러나 어떤 대화 속에 이런 전략들이 포함될 때 새로운 지식으로 확장될 가능성이 있다(정옥년, 2007:92).

글쓰기를 위한 읽기 전략으로서 마지막 범주는 채굴 전략이다. 이 전략은 특정 글쓰기 목적에 따라 텍스트에서 필요한 특징이나 아이디어를 선별적으로 찾아내어 자신의 글에 적용하는 것이다. 맥락을 재구성하기 위해서, 구조를 추론하기 위해서, 언어 선택 방식을 보기 위해서 이 전략을 활용할 수 있다. 즉 어떤 텍스트의 생산을 형성하는 상황이나 맥락, 텍스트 이해 방식에 영향을 주는 수사학적 구조를 찾고, 주어진 수사학적 상황에 적절한 언어들을 결정하는 도구들을 학생들이 개발하도록 도와줄 수 있다. 대화 전략에 관한 지식을 얻기 위해서 텍스트를 읽는 독자는 자신의 목적을 달성하는 데 필요한 접근 방식을 찾으려고 다른 필자의 아이디어나 전개 방식들을 선택적으로 평가한다. 따라서 텍스트를 채굴하는 학생들은 필자들이 언어를 사용하고, 아이디어를 구조화하고, 학문적 또는 개인적인 영역에서 다른 필자들이 쓴 것에 반응하는 방식을 성찰하면서 능동적으로 읽을 수 있다. 그리고 텍스트 구성에 관한 이러한 지식을 자신이 만들고 있는 텍스트에 활용할 수 있다(정옥년, 2007). 쓰기를 위한 읽기 전략은 서로 배타적인 관계가 아니고 다른 전략들을 포용할 수 있으며, 독자는 문제 상황이나 목적에 따라 적절히 전략을 활용하여 도움을 얻을 수 있다.

문학 텍스트 읽기는 감정 작용이 활발히 일어나는 것으로, 청소년 독자의 자아정체성과 깊은 연관이 있다. 문학 텍스트 읽기에서 텍스트와 독자의 감정 소통, 등장인물과 독자의 감정 소통은 자아 성장, 정체성 형성과 관련이 있다. 문학 텍스트 읽기에서 감정은 단순한 이해 표상을 넘어서 자아와 관련된 새로운 의미를 구성하는 역할을 한다. 독자 반응으로 나타나는 감정은 인공물 감정, 이야기 감정, 심미적 감정 등으로 나눌 수 있다. 이런 감정을 독자가 자아와 관련지어 경험할 때 사실과 다른 해석이나 억눌렸던 감정을 새롭게 이해하고 수정할 수 있다. 문학적 읽기는 텍스트의 기호 장치, 읽기 행위에서 유발된 감정, 자아와 관련된 감정의 정교화, 자기 이해와 변형이라는 구성 요소를 갖추고 있다는 점에서 다른 읽기 행위와 다르다. 문학적 읽기에서 독자의 잠재력을 구체화하기 위해서는 독자의 감정 반응과 효과를 다양한 상황에서 검증하는 연구들이 잇따라야 한다(정옥년, 2009).

자기 성장 이야기 읽기와 쓰기

자아 성장을 위한 독서 교육에서 말하기와 글쓰기의 수사적 전략은 의미 있는 교수 학습 내용이 될 수 있다. 또 다른 사람들의 성장사를 읽고, 자신의 성장 이야기를 쓰는 것도 정체성 발달에 도움이 된다. 이러한 읽기와 쓰기 행위는 글을 읽고 해석하는 텍스트 쓰기, 에토스가 담긴 글쓰기 등으로 연결되면서 자기 이해를 촉진한다. 상대방을 설득하고 감동을 주기 위해서는 에토스(ethos), 파토스(pathos), 로고스(logos)가 조화롭게 겸비되어야 하며, 그러한 말과 글이 설득의 효과가 높다. 이 세 요소는 화자(필자)의 경험이나 생각이 청자(독자)의 마음에 깊은 울림으로 전달되고, 설득력 있고 감동적인 말하기와 글쓰기 능력을 키우는 데 활용될 수 있다(하병학, 2018).

다른 사람들의 성장 이야기를 읽고 해석하면서 또한 자신의 성장사를 쓰는 행위는 청소년들의 자기 이해를 촉진한다. 자전적 이야기를 읽는 독자는 필자를 보다 깊이 이해하고, 그러한 공감적 이해를 통해서 자신의 삶에 적용할 수 있는 삶의 이야기들을 추론할 수 있다. 나아가서 자신의 이야기를 쓰면서 독서 활동 이전과 이후의 자기 변화를 확인할 수도 있다.

자기 성장사 쓰기는 자문화기술지와 같은 형식이다. 자문화기술지는 필자인 자아의 기억에 의존하여 자신뿐만 아니라 타자와 대상 세계를 조명하는 연구 방법론의 하나다. 자문화기술지는 개인을 문화에 연결하고, 자아를 사회적 맥락 안에 연결 짓는 글쓰기의 한 장르라 할 수 있다. 자문화기술지의 재현 방식에는 창(Chang, 2008)이 제안한 글쓰기 스타일, 즉 기술적 · 사실적 글쓰기, 고백적 · 감성적 글쓰기, 분석적 · 해석적 글쓰기, 상상적 · 창조적 글쓰기 등이 있다. 자문화기술지는 '나'를 중심으로 타자들과의 상호작용이나 상황을 서술한다. 자문화기술지를 서술하는 필자는 자기 노출에서 비롯될 수 있는 정서적 반응과 결과에 맞설 수 있는 심리적 강건함을 지녀야 한다. 자문화 기술자는 글 뒤에 숨기보다는 강한 어조로 솔직담백하게 자아를 표출함으로써 해방과 자기 정화의 효과를 기대할 수 있다. 좋은 자문화기술지는 냉철한 분석과 따스한 감성이 조화된 연속체이며, 냉정과 열정 사이를 오가는 글이라 할 수 있다(이동성, 2019).

해석 텍스트 쓰기는 기본적으로 자기 이해를 바탕으로

한다. 리쾨르(Ricoeur, 1990)가 말한 '자기(soi)'는 한 개인이 자기 자신을 객체로 파악하는 것을 의미한다. 리쾨르는 규정되지 않지만 계속해서 알아 가야 할 대상이자 새롭게 만들어지는 '자기'를 이해하는 것을 강조했다. 리쾨르는 텍스트에 대한 해석에 정답이 있는 것이 아니라, 문화나 개인에 따라 다양한 접근이 가능하다고 말하며, 텍스트와 독자 간의 소통이 해석의 중심임을 강조했다(이서영, 2014). 해석 텍스트 쓰기를 해 봄으로써 자기를 탐색하며 자기 이해의 길을 갈 수 있다. 그리고 자신이 자기 이야기를 만들어 이야기해 봄으로써 자신의 정체성을 알아차릴 수 있다.

참고문헌

정옥년(2007). 글쓰기 위한 읽기의 성격과 전략. ≪작문연구≫, 5호, 75~104.

정옥년(2009). 읽기에서의 감정과 문학적 읽기. ≪독서연구≫, 22호, 9~48.

박삼열(2016). 파토스가 글쓰기와 말하기에 미치는 영향. ≪철학탐구≫, 41호, 125~147.

박우수(2007). 수사학 전통에서 본 에토스와 문화. ≪외국문학연구≫, 26호, 185~207.

이동성(2019). 자문화기술지의 방법적 이슈와 글쓰기 전략. ≪질적탐구≫, 5권 2호, 1~28.

이서영(2014). 자기 이해를 위한 인문적 사회과교육. 한국교원대학교 박사학위논문.
하병학(2018). 에토스의 수사학. ≪철학탐구≫, 49호, 111~137.
Chang, H.(2008). *Autoethnography as method*. Walnut Creek, CA: Left Coast Press, Inc.
Ricoeur, P.(1990). *Soi-même comme un autre*. Seuil. 김웅권 옮김(2006). 『타자로서 자기 자신』. 동문선.

07

교류적 독서 지도 교사의 실천적 지식

교사는 학생들이 미리 정해진 해답을 찾게 하는 것이 아니라 이들의 경험이 능동적이고 활발하게 일어나도록 촉진해야 한다. 독서 활동을 위해서 선정된 텍스트와 학생들의 삶이 연결될 수 있게 발문을 던지고, 삶과 연결된 학생들의 다양한 경험들이 의미 있는 방식으로 표현되게 함으로써, 의미 있는 상호작용이 일어날 수 있도록 자극을 제공해야 한다.

교사의 실천적 지식

교류적 독서는 수업 상황에서 반응 기반의 능동적인 학생들의 경험을 중요하게 다루는 교사의 실천적 지식을 강조한다(Karolides, 1999). 교류적 독서에서 교사의 역할은 전통적인 교사가 하듯이 미리 정해진 해답을 찾아 가는 것이 아니라, 독자들의 능동적인 경험이 활발하게 일어나도록 촉진하는 것이다. 선정된 텍스트와 학생들의 삶이 연결되고, 학생들이 삶과 연결된 다양한 경험을 통해 의미 있는 결과를 만들어 가도록 지원해야 한다.

교사가 가지고 있는 지식을 자신의 가치관이나 신념을 바탕으로 실제 상황에 맞도록 종합하고 재구성하는 것을 교사의 실천적 지식(practical knowledge)이라고 한다(김자영, 2003). 이는 교실에서 교육적 경험을 바탕으로 생성된 교사의 개인적이고 암묵적인 총체적 지식을 말한다. 교사의 실천적 지식은 교사의 행위와 언어를 통해 드러난다.

복잡하고 불확실한 교실에서 문제에 직면했을 때, 교사는 기존의 이론이나 기법들을 동원하여 문제를 해결하기보다는 고유한 특성에 부합하는 새로운 지식을 고안하여 대처해 나간다. 교사의 수업 행위는 기술 공학의 단순 원리에 따른 기계적 행위가 아니고, 교실 현장과 상호작용하면서 자신의 행위 속에 나타나는 지식의 부적절함을 성찰하고 축적된 지식에 근거하여 일어나는 자발적이고도 고유한 것이다(김자영 · 김정효, 2003).

교류적 독서 지도에서 교사 역할

교사의 실천적 지식은 교수법이나 이론적 지식의 적용을 넘어 교사의 삶과 정체성이 투영된 산물이다. 이 지식은 교사 개인의 가치관과 신념에 기반하여 재구성되며, 수업 현장의 문제에 대한 대처 방안을 제시한다. 이러한 교사의 성찰적 지식은 특히 '교류적 독서'와 독서 교육 환경에서 대단히 중요하다.

교육에서 '나처럼 해 봐'라는 가르침의 행위와 '나와 함께 해 보자'라는 가르침의 행위의 차이를 알 필요가 있다. 학생과 함께하는 교사 자신의 배움 행위가 학생에게 기호로 다가와 학생의 새로운 배움을 촉발한다는 점에서 교사의 배움은 가르침의 행위에 해당한다고 볼 수 있다. 이런 맥락에서 들뢰즈(Gilles Deleuze)에게 가르침은 곧 배움이다. 들뢰즈에게 좋은 교사란 기호를 통해 학생의 배움을 촉발하고 차이 생성 능력을 높이기 위해 '배움'이라는 차이 생성의 활동을 적극적으로, 그리고 강도 높게 실천하는 사람이다. 따라서 들뢰즈에게는 학생과 함께하는 교사의 배움 행위가 바로 학생을 가르치는 행위로 작용한다. 들뢰즈는 '가르침'이란 것을 학생과 함께하는 교사 자신의 배움 행위로 정의하고, 가르침의 행위를 '나처럼 해 봐'보다는 '나와 함께 해 보자'로 표현하고 있다(김재춘 · 배지현, 2012).

교사의 열정과 정체성은 학생들과 정서적 유대감을 형성함으로써 독서에 대한 내재적 동기를 부여하는 토대가 된다. 훌륭한 가르침은 교사의 정체성과 성실성에서 비롯되며, 이는 교사가 텍스트와 자신, 그리고 학생을 생명의 그물망처럼 촘촘히 엮어 낼 때 구현된다. 교사의 성찰적 지식은 학생들이 텍스트를 통해 자신의 삶을 투영하고, 감정을 이입하며, 자아의 내면세계를 탐색하는 데 촉매제 역할을 한다.

독서는 독자와 텍스트의 끊임없는 상호작용을 통해 의미를 생성하는 과정이며, 교사의 성찰적 지식은 이 과정을 더욱 풍요롭게 만들어 준다. 교사가 과거와 현재, 미래의 삶을 통해 얻은 통찰과 관찰이 담긴 지식은 학생들이 텍스트를 여러 각도로 해석하고 자신만의 의미를 구성하도록 이끌어 준다. 특히 학생들의 삶의 지평과 텍스트의 지평, 그리고 교사의 지평이 만나는 '지평의 융합'은 가다머(Hans-Georg Gadamer)의 관점에서 독자의 자기 이해 과정을 심화하는 핵심 요소가 된다. 교사의 성찰적 지식은 이러한 융합을 조율하고 이끌어 내면서 학생들이 텍스트를 통해 새로운 관점을 획득하고, 자아정체성을 형성하며 재구성하는 데 기여한다.

복잡한 교실 현장에서 교사의 실천적 지식은 고유한 문제 해결 방안을 고안하게 한다. 이는 독서 교육에서도 마찬가지로, 학생들의 다양한 독자 반응과 유연하고 창의적인 대처를 가능하게 한다. 이러한 유연성은 학생들이 비판적 사유를 주도하고, 자신의 독서 경험을 성찰하며, 나아가 외부 세계와 자신을 연결 지어 생각하게 한다. 이 과정에서 학생들은 더욱 건강하고 성숙한 자아를 형성하게 된다.

상호작용을 통한 이해 촉진

교사와 학생 간의 상호 이해는 교실 내에서 언어를 통한 활발한 소통에서 비롯된다. 이러한 소통은 텍스트를 중심으로 개인이 자신만의 의미를 구성하고 재구성하는 해석학적 경험으로 이어진다. 특히, 언어를 통한 질문과 답변으로 이루어지는 대화는 해석학적 경험의 핵심적인 기반을 이루며, 교육적 의미와 지식 생성의 중요한 장(場)으로 기능한다(이찬주, 2008).

텍스트 해석 과정에서 드러나는 모순이나 불일치 지점

은 교사와 학생이 의미 생성에 능동적으로 참여하는 계기를 제공하며, 이는 역동적인 해석학적 순환 구조를 가능하게 한다. 따라서 수업 현장은 학생들이 다양한 기호적 환경을 여러 관점에서 해석하고, 스스로 끊임없이 의미를 탐구하는 해석적 주체임을 인식하도록 돕는 공간이다. 이러한 교사와 학생 간의 교육 활동은 단순한 지식 전달을 넘어, 교육적 경험을 통한 의미 형성 및 지속적인 상호작용적 의사소통 과정이다. 이 교육적 상호작용을 통해 이루어지는 자아 성장은 두 가지 상보적인 기제를 포함한다. 첫째는 새로운 지식과 경험을 축적하여 자기 역량을 확장하는 '자기 확장'이며, 둘째는 기존의 사고방식이나 자아상을 비판적으로 성찰하고 변화를 모색하는 '자기 초월'이다(이찬주, 2008).

사회 구성주의 관점에 기반한 수업 상호작용은 수업이라는 활동 시스템 속에서 일어나는 언어적 상호작용으로서, 활동 시스템의 여러 요소(주체, 도구, 대상, 규칙, 공동체, 역할 분담)의 통합적인 영향을 받아 구조화되면서 의미 구성 과정에 영향을 미친다. 언어라는 기호가 수업 상호작용을 가능하게 하는 도구 역할을 하며 지식의 공동 구성 과정과 개인의 내면화 과정을 촉진하는 역할을 한다. 사회 구성주의 학습 이론에서는 타인과 상호작용하며 함께 만들어 가는 지식과 탐구 방법을 자기의 것으로 내면화하는 과정을 학습이라 했다. 즉, 타인과의 상호작용 속에는 학습의 개인적 차원뿐만 아니라 개인의 행위를 넘어선 사회적, 상호작용적 차원이 더 근원적인 학습의 측면이 된다는 것이다(김민성, 2017).

수업 상호작용은 사회 구성주의 학습 이론의 주요 개념인 '사회적 구성'과 '언어와 활동의 매개적 역할'에서 드러난다. '사회적 구성'이란 습득하는 것으로 여겼던 지식은 사람들이 계속 참여하는 상호작용과 사회적 진행 과정의 산물이라는 것이다. 비고츠키(Lev S. Vygotsky)가 말한 것처럼, 개인에게 존재하는 고등 정신 능력은 이전에 타인에게 존재했던 것이며, 사회적 수준에서 일차적으로 형성된 것이다. 이때 학습자는 사회적 · 역사적 인공물을 가지고 특정한 실천 속에 살아가는 사람으로서, 외부 세계, 타인, 인간이 만들어 낸 인공물(도구)과의 관계에 놓인 존재가 된다(박동섭, 2013; 김민성, 2017).

언어와 같은 기호는 인간의 사유와 행위가 구체적인 경험이나 특정 맥락에 얽매이지 않고 시공간적 특수성을 초월하게 한다. 개인은 사회적 상호작용 과정에서 기호의 의미를 지각하고, 그 의미에 대한 자신의 해석이 적절한지 성찰하며 언어 사용을 내면화한다. 이러한 방식으로 언어는 지식의 공동 구성(co-construction)을 촉진하며, 사회적으로 형성된 지식과 기술을 자기 내면화하여 독자적으로 문제 해결 능력을 갖추도록 지원한다

콜(Michael Cole), 엔게스트론(Yrjo Engestrom)이 제기한 '활동 시스템'은 인간 정신 능력의 매개로서 사회적 활동이 어떠한 요소로 구성되며, 활동 시스템 속에 참여한 구성원들의 행동 방식에 어떠한 영향을 미치는지를 보여준다. 콜, 엔게스트론의 활동 시스템과 담화의 관점에서 볼 때, 수업 상호작용에서 교사는 교사로서, 학생은 학생으로서 자신의 역할을 하고 정체성을 보여 주기 위해 특정한 방식으로 말하고 행동한다. 수업 상호작용의 방식은 의식적인 가르침을 통해서가 아닌, 수업이라는 활동 시스템, 사회적 실천에 공동으로 참여하여 자연스럽게 터득하게 된다.

그래서 수업 상호작용은 언어가 매개된 대화적 상호작용으로 구성된 하나의 활동 시스템이다. 수업 상호작용은 공동 의미 구성의 장이며 학습자의 인지 능력이나 사고 능력의 원천이라는 의미를 지닌다. 특히 학교 교육이라는 환경에서 이루어지는 상호작용은 일상적인 상호작용과 달리 다양한 물리적, 심리적 도구의 체계적 활용을 매개로 개념적 사고나 추상적 사고를 다루기 때문에 자연적인 상황에

서의 인간 발달과는 다른 발달이 가능하다(김민성, 2017).

참고문헌

김민성(2017). 수업상호작용의 연구 동향 및 향후 과제: 사회구성주의 관점에 기반하여. ≪교육심리연구≫, 31권 4호, 683~711.

김자영(2003). 초등교사의 수업 속에 나타난 실천적 지식에 대한 이해-초등 수학수업을 중심으로-. ≪초등교육연구≫, 16권 1호, 141~159.

김자영·김정효(2003). 교사의 실천적 지식에 대한 이론적 탐색. ≪한국교원교육연구≫, 20권 2호, 77~96.

김재춘·배지현(2012). 들뢰즈 철학에서 '배움'과 '가르침'의 의미와 관계 탐색. ≪교육학연구≫, 50권 3호, 125~149.

박동섭 (2013). 『비고츠키: 불협화음의 미학』. 에듀니티.

이찬주(2008). 교사와 학생의 의미화 과정에 관한 기호학적 고찰. ≪교육철학≫, 35호, 377~396.

Karolides, N. J.(Ed.)(1999). *Reader response in secondary and college classrooms.* Routledge.

08

교류적 독서 지도에서 관계적 상호작용

관계적 상호작용은 학습자의 내적 동기를 존중하고 잠재력을 촉진하며 실존적 만남이라는 상호 존재론적 인식을 토대로 한다. 교류적 독서 지도에서 관계적 상호작용은 지식의 공동 구성과 의미 재구성을 촉진하는 핵심 기제로 작용한다. 교류적 독서 교육은 상호작용적, 관계적 접근을 통해 청소년의 건강한 자아 성장과 통합된 자아 발달을 촉진하는 핵심적 매개가 될 수 있다.

관계성을 통한 공동 의미 구성

인간은 관계적인 존재다. 교류적 독서 수업에서 관계적 상호작용은 교사-학생의 언어적 상호작용을 토대로 하여 공동 의미 구성을 해 나가는데, 그 토대가 되는 것은 바로 관계성(relationship)이다.

설리번(Sullivan)과 헬렌 켈러(Helen Keller)의 교사-학생의 관계에서 '관계 교수법(Relational pedagogy)'을 발견할 수 있다. 관계 교수법은 지적 · 도덕적으로 예찬할 만한 삶의 방식을 보여 준다(Bingham & Sidorkin, 2004). 이는 교사들이 다양한 교수법을 선택하여 활용하도록 영향을 주고, 학습자의 내적 동기 이론을 중요시하며, 학습자가 자신의 관심사와 목적 안에서 동기 에너지를 찾도록 돕는다. 교사들은 다양한 교수법을 적용하며 학습자들이 여러 가지 주제에 대해 더 넓고 깊은 잠재 능력을 발휘하도록 독려한다.

부버(Martin Buber)는 저서 『나와 너』에서 '만남'의 철학을 역설했다.

> 근원어 '나-너'는 오직 온 존재를 기울여야만 말할 수 있고, 온 존재를 아는 것은 결코 나의 힘으로만 되는 것이 아니다. 그러나 '나' 없이는 이루어질 수 없

다. '나'는 너로 인해 '나'가 된다. 모든 참된 삶은 만남이고, 관계는 상호성이다. 내가 '나'의 '너'에게 영향을 주듯이, '너'는 '나'에게 영향을 준다(Buber, 1923/1977:21~28).

부버에 의하면, '나-너'는 내가 '나'의 온 존재를 기울여야만 비로소 말할 수 있는 반면에, '나-그것'은 '나'의 온 존재를 기울여 말할 수 없다는 것이다. '나-그것'의 관계는 인간의 객체적인 경험, 즉 지식 세계의 것이요, '나-너'의 관계는 인간의 주체적인 체험, 즉 인격 세계의 것이기 때문이다. '나-너'의 근원어로 맺어지는 관계는 부버의 근본 사상인 '모든 참된 삶은 만남이다'라는 인간 실존의 본질을 밝히고 있다. '나-너'의 세계와 '나-그것'의 세계는 떨어져 존재하는 별개의 것이 아니라, 하나의 세계 전체를, 모든 인간 활동을 꿰뚫고 있는 이중성을 띠면서 상호적이다(Buber, 1923).

스톤(Lynda D. Stone), 언더우드(Charles Underwood), 호치키스(Jacqueline Hotchkiss)는 부르디외의 아비투스 개념을 확장하여 '관계 아비투스(The relational habitus)'를 제안했다. 관계 아비투스는 능동적인 개인이 사회 문화적인 상황에서 상호 이해와 상호 지향성을 갖고 공동 정신을 구축해 가는 상호작용적, 간주관적 방식을 밝히는 이론적 도구이자 분석 기제다. 관계 아비투스는 공식적, 비공식적인 학습 공동체에서 시간의 흐름 속에 간주관적으로 구성되고 유지되는 자아(개인의 생각과 경험), 도구(학습 자료, 책, 기술 등), 과제(함께 해결해야 할 문제나 목표), 타자들을 포함하는 관계의 생태학적인 조화를 말한다 (Stone et al., 2012).

부르디외에 의하면, 사회구조를 강조하는 구조주의와 개인의 의식과 경험을 강조하는 주관주의가 갖는 한계를 극복하기 위해 '아비투스'와 같은 개념이 필요했다 (Bourdieu & Wacquant, 1992). 그러나 아비투스의 개념에는 여전히 한계가 있었다. 부르디외는 아비투스를 마치 습관적인 행동에서 나오는 체화(體化)된 현상, 사회 문화적인 것이 개인에 스며들어 습관으로 굳어진 무의식으로 보았다(Mead, 1934; Stone et al., 2012). 어떤 사회 문화에 속해 있으면서 자연스럽게 갖게 되는 생각, 관점 등을 형성하는 과정, 즉 '사회화된 주관성'(Bourdieu & Wacquant, 1992)을 아비투스로 본다면, '교수법적인 실천에 의한 전달의 재생산 과정'을 학습으로 보았다. 즉 기존의 지식이나 사회적 관점을 그대로 전달받고 재생산하는 과정, 한 방향의 교육 방식을 학습으로 보았다. 그리고 학습을 이해 과정에서 변형의 과정으로 본다면, 기존의 아비투스를 변형하고 질문하는 수단으로 보았다.

아비투스에 대한 부르디외의 관점은 재생산과 변형을 가져오는 상호작용의 과정을 설명하지는 못했다. 아비투스는 개인이 능동적인 행위자가 아닌, 사회 문화적 맥락의 발달 과정에서 수동적인 수용자로서, 사회화 과정에 이끌려 가는 방식이라는 것이다. 부르디외는 개인이 지식을 공동 생산하고, 스스로 해석하고, 다시 형성하고, 창조하기 위해 의사소통 과정에 참여하는 간주관적 과정을 강조하지는 않았다(Stone et al., 2012).

부르디외의 '아비투스'를 몸에 밴 습관처럼 내면화된 사회적 경향성으로 본다면, '관계 아비투스'는 이러한 습관이나 경향성이 개인과 타인의 상호작용 속에서 어떻게 형성되고 발전해 가는지에 더 초점을 맞춘다. 학습은 이러한 기존의 아비투스를 단순히 반복하고 재생산할 수도 있지만, 학습은 아비투스를 비판적으로 성찰하고 변화시키는 강력한 도구가 될 수도 있다는 것이다. 결국, 학습은 고정된 습관에 갇히지 않고 관계 속에서 끊임없이 자아를 발전시키는 중요한 과정이라 할 수 있다.

관계 아비투스는 개인이 주변 세상과 사회 문화적인 만남을 가질 때, 다양하고 역동적인 장(場)에서 자아를 형성하고 의미를 생성해 나가는 방식을 이해하는 데 중요한 통찰을 주었다. 관계 아비투스는 심리학적 경향을 보인 블랙박스를 열 수 있게 되었고, 자아, 도구, 과제, 그리고 타자들 간의 상호작용을 통해 인간 활동의 세부적인 영역까지 관찰 가능한 현상으로 보게 되었다. 그래서 관계 아비투스는 보이지 않는 블랙박스를 밝힘으로써 개인과 사회 문화적인 것을 연결하며, 인간을 이해하는 도구의 기제 역할을 한다(Stone et al., 2012).

이러한 관계 아비투스는 학생-학생 간의 상호작용, 교실이나 방과 후의 역동적인 장(場)에서 상호작용하는 방식을 설명할 수 있다. 관계 아비투스는 변형적 교수법의 토대를 마련하는 관계적 생태학을 설정할 수 있다. 관계 아비투스는 재생산의 과정, 변형의 과정이며, 교사와 학생 간 지식을 공동 구성하는 의사소통의 기제라 할 수 있다(Stone et al., 2012).

독서 교육은 교사와 학생이 언어를 통해 소통하며 텍스트에 대한 상호 주관적 이해를 구축하는 방향으로 나아가야 한다. 학생 스스로가 텍스트를 다양한 관점에서 해석하고 의미를 탐구하는 '해석적 주체'가 되도록 돕는 것이 중요하다.

관계성 중심 교육은 교사 중심의 지시적 태도를 지양하

고, 학생과 함께 지식과 의미를 구성해 나가는 협력적인 자세를 필요로 한다. 독서 교육에서도 교사가 학생과 함께 탐색하고 성장하는 동반자적 자세를 가질 때 교육적 효과가 극대화될 수 있다. 교사 자신의 배움 행위가 학생의 배움을 촉발하는 부호가 되어야 하며, 설리번과 헬렌 켈러의 관계 교수법에서처럼, 학습자의 내적 동기를 존중하고 잠재력을 발휘하도록 독려하는 것이 중요하다. 결론적으로, 언어를 통한 수업 상호작용과 관계 아비투스는 청소년이 능동적으로 의미를 구성하고, 관계 속에서 자아를 정립하며, 사회적으로 지식을 형성하고 내면화하는 데 결정적인 역할을 한다. 독서 교육은 이러한 상호작용, 관계적 접근을 통해 청소년의 건강한 자아 성장과 통합된 자아 발달을 촉진하는 핵심적인 매개가 될 수 있다.

참고문헌

Bingham, C., & Sidorkin, A. M. (Eds) (2004). *No education without relation.* New York: Washington, D.C.

Bourdieu, P., & Wacquant, L.(1992). *An invitation to reflexive sociology.* The University of Chicago Press. 이상길 옮김(2015). 『성찰적 사회학으로의 초대』. 그린비.

Buber, M.(1923). *Ich und Du.* Insel-Verlag. 표재명

옮김(1977/2022). 『나와 너』. 문예출판사.
Mead, G. H.(1934). *Mind, self, and society*. The University of Chicago. 나은영 옮김(2010). 『정신 · 자아 · 사회: 사회적 행동주의자가 분석하는 개인과 사회』. 한길사.
Stone, L. D., Underwood, C. & Hotchkiss, J.(2012). The Relational Habitus: Intersunjective Processes in Learning Setting. *Human Development*, 55, 65~91.

09

교류적 독서 지도의 모형

교류적 독서 지도는 폭넓은 대화, 의미 공동체, 질문, 개인적 경험과 연결, 학생 반응 확인하기 등의 원리를 기반으로 한다. 자아 성장을 촉진하는 교류적 독서 지도에서는 심미적 반응과 감상 표현을 강조하는 모형과 학생들 간의 대화를 강조하는 모형, 그리고 상호작용적 교류 자체를 강조하는 모형으로 구분하여 생각할 수 있다. 교류적 독서 지도는 텍스트와의 교류를 통해 얻은 지혜와 통찰력을 바탕으로 학생들이 자신과 타인, 세상을 이해함으로써 긍정적인 자아를 발달시켜 충만한 삶을 살아갈 수 있도록 도와주는 데 목적이 있다.

교류적 독서 지도의 원리

교류적 독서 지도는 학생과의 폭넓은 대화 권장하기, 의미의 공동체 만들기, 질문하기, 개인적 경험과 연결하기, 학생들의 반응 확인하기 등의 다섯 가지 원리를 기반으로 한다.

첫째, '학생과 폭넓은 대화 권장하기'는 독서가 개인적인 활동에 머무르지 않고, 학생들이 읽은 내용에 대해 생각, 감정, 해석을 서로 자유롭게 나누도록 적극적으로 격려한다는 것이다. 한 텍스트에 대한 다양한 시각과 해석이 존재할 수 있음을 인정하고, 이를 공유하는 과정에서 학생들은 자신의 이해를 심화하고 타인의 관점을 배우며 더욱 풍부한 의미를 형성해 간다.

둘째, '의미의 공동체 만들기'는 독서 공동체가 단순히 함께 책 읽는 것을 넘어, 구성원들이 협력적으로 의미를 탐색하고 구성해 나가는 과정을 거친다는 것을 전제한다. 개인적 이해를 바탕으로 논의하고, 때로는 의견 충돌을 겪기도 하면서 공동체적 관점에서 텍스트의 의미를 재해석하는 경험을 한다. 이러한 과정을 통해 학생들은 자기 생각을 표현하고, 비판적으로 사고하며, 공동체 안에서 타인의 의견을 경청하는 능력을 길러 낸다.

셋째, '질문하기'의 '질문'은 이해하도록 유도하는 데 매우 중요한 수단이다. 학생들이 스스로 텍스트에 대해 궁금한 점을 묻고, 교사는 학생들이 텍스트의 내용을 탐색하며 비판적으로 사고하도록 돕는 질문을 던지는 것이 중요하다. 질문을 통해 독자의 사고를 심화 확장하고 텍스트에 대한 참여를 유도하며, 학생들이 내용을 얼마나 명확하게 이해했는지 확인할 수 있다.

넷째, '개인적 경험과 연결하기'는 독자들이 텍스트를 읽을 때, 자기 삶의 경험, 배경지식, 가치관 등을 텍스트에 투영하여 의미를 구성하는 것을 말한다. 이는 학생들이 텍스트의 내용과 개인적인 경험을 의식적으로 연결하도록 돕는 것을 강조한다. 이러한 연결은 텍스트를 더욱 생생하게 느끼게 하고, 추상적인 개념을 구체화하며, 독서 내용을 자기 삶과 연관 지어 깊이 있는 학습으로 이어지게 한다.

다섯째, '학생들의 반응 확인하기'는 모든 학생의 반응과 해석은 존중받아야 함을 전제로 하여 교사는 학생들이 자기 생각을 자유롭게 표현할 수 있도록 격려하는 환경을 조성한다는 것이다. 학생들의 다양한 해석을 수용하고 그들이 어떤 과정을 통해 그러한 이해에 도달했는지 경청하며 피드백을 제공하여 자신감을 북돋워 준다.

이러한 다섯 가지 원리는 독서 활동이 독자와 텍스트,

그리고 공동체 구성원 간의 상호작용을 통해 의미를 재구성하고 공동 지식을 형성해 가는 것임을 이해하고 통찰하게 한다.

반응 중심 모형

반응 중심 접근법은 문학 교육의 새로운 변화를 주장한 로젠블랫(Louise M. Rosenblatt)에서 출발했다. 로젠블랫의 교류적 이론은 문학에서 독자를 회복시킴과 동시에 텍스트를 고정된 문학관에서 벗어나게 했다(경규진, 1995).

반응 중심 접근법의 수업 원리를 다음과 같이 정리할 수 있다(경규진, 1995). 첫째, 반응 중심 문학 수업의 초점은 학생들의 반응에 있다. 문학 교실에서 최상의 기능은 학생들이 문학 경험에 대한 자신의 반응과 감정을 자유롭게 표현하는 것이다. 교사는 학생들에게 문학 경험에 참여할 것을 격려하면서 스스로 텍스트에서 보고 느끼고 생각하도록 북돋운다. 교사의 질문은 독자와 텍스트의 대화를 유도하며 지적이고 정서적인 삶에서 그 의의를 사고하도록 독자를 초대한다.

둘째, 학생들이 자신의 반응을 충분히 표출하도록 자유로운 교실 분위기를 조성한다. 교사는 교실의 잠재적인 위협을 낮추는 방안을 고안하고 학생들에게 서로 반응할 것을 권장한다.

셋째, 학생들이 작품에 대한 자기 감각을 찾도록 다른 학생들과 독립적인 시간을 갖도록 권장한다. 이러한 독립적인 시간은 학생들이 외부의 시선이나 타인의 해석에 얽매이지 않고 작품과 교감하며, 자신만의 내면의 반응을 탐색하고 주체적인 의미를 구축할 수 있게 한다.

넷째, 문학 수업에서 교사는 교사의 반응을 강요하거나 지나친 반응의 형식을 강요하지 않는다. 이것은 학생들이 작품에 대한 감상과 해석을 주체적으로 형성하고 자유롭게 표현할 수 있도록 존중하며, 비판적 사고와 자기 이해를 촉진하는 기반이 된다.

다섯째, 학생 자신의 반응을 적절히 표현하고 다른 학생의 반응을 비판적으로 듣고 평가하는 능력을 길러 낸다. 교사의 역할은 학생들이 아는 것, 느낀 것에 주목하고 그것을 발견하는 행위를 도우며 학생들의 경험과 가치, 신념에 대한 생산적인 이야기를 끌어내도록 돕는 것이다.

여섯째, 문학 교육은 사적인 독서 단계를 넘어 학생 서로의 반응을 나누고 성찰하는 공적인 단계를 설정하여 개인적인 독서를 확장한다. 이러한 공적인 상호작용은 학생들이 타인의 다양한 반응과 해석을 접하며 자신의 독서 경험을 확장하고, 상호 주관적인 이해를 바탕으로 작품의 의미를 보다 입체적이고 심층적으로 구성하며 자아를 성장시킬 수 있는 과정이 된다.

일곱째, 학생들의 관심과 경험에 연계될 수 있는 텍스트와 자료를 다양하고 폭넓게 선정하여 제공하고 학생들의 능력과 흥미에 관심을 가진다. 이러한 작품 선정은 학생들이 텍스트에서 자신의 경험과 내면을 비춰 보며 주체적인 의미를 생성하고, 자아정체성을 탐색하며 심리적 성장을 이루는 강력한 동기가 된다.

여덟째, 문학에 대한 반응의 다양성을 인정하면서도 반응에서 뚜렷한 오류는 분명하게 바로잡아 준다. 이러한 접근은 작품에 대한 주관적인 감상을 존중하되, 텍스트에 대한 명확한 이해를 바탕으로 논리적인 오류나 사실 왜곡을 방지하여, 비판적인 독서 역량을 기르도록 안내하는 교사의 역할을 강조한다(경규진, 1995).

반응 중심 모형은 일반적으로 '반응의 형성', '반응의 명료화', '반응의 심화' 3단계로 구분할 수 있다. '반응의 형성'은 텍스트와 독자 간 교류가 이루어지는 단계로, 학생들이 텍스트를 읽고 자신의 반응을 만들어 가는 과정을 말한다. 학생들은 자기 생각이나 느낌을 간단하게 정리해 보고, 교사는 학생들이 텍스트에 흥미를 느끼고 즐거움을 얻는 경험을 할 수 있도록 독려한다. '반응의 명료화'는 학생과 학생, 학생과 교사 간 교류가 일어나는 단계다. 질문하기, 반성적 글쓰기, 토의 토론하기 등 학생 중심 활동이 이루어진다. 자신의 반응을 상대방에게 표현하고 상대의 반응에 대해 생각해 보고 확인하는 활동을 통해 자신의 반응을 좀 더 명확하게 할 수 있다. '반응의 심화'는 텍스트와 상호텍스트적으로 관련 있는 다른 작품을 통해 텍스트 간 상호 관련을 살피고, 텍스트에 대한 이해와 반응을 확장하고 심화하는 단계다. 보통 작가의 다른 작품이나 주제, 인물, 사건, 배경, 문체 면에서 연관되는 작품을 찾아볼 수 있다(이순영 외, 2015).

대화 중심 모형

반응 중심 독서 모형과 유사한 점이 있지만, 더 세세하게 절차를 구분한 대화 중심 모형이 있다(이순영 외, 2015). 이 모형은 다양한 층위의 대화를 경험하는 과정을 통해 학습자들의 능동적인 사고를 촉진하는 학습자 중심 수업 모형이다.

대화 중심 모형은 '문학 텍스트에 관한 지식 이해', '텍스트 읽기', '독자 개인의 내적 대화', '독자 간 대화', '교사와 독자 간 대화', '텍스트의 의미 정리' 등의 절차로 구분된다. 대화 중심 모형은 학습자의 주체적이고 능동적인 감상을 지향하되, 텍스트에 근거한 해석 및 다층적 대화를 강조한다는 점에서 특징적이다. 이는 독자 내적 차원뿐 아니라 텍스트와 다양한 사회 문화적 맥락과의 대화를 지향한다는 점에서 반응 중심 모형과 차이가 있다. 대화 중심 모형에서는 교사의 적극적인 개입과 지원이 중요하다. 교사는 학생들과 심도 있고 원활한 대화를 나누기 위해 적절한 문제를 제기하며, 학습자들이 상호 협력적 대화를 통해 문제를 해결해 나갈 수 있도록 안내하는 역할을 한다.

첫째, '문학 텍스트에 관한 지식 이해'는 대상 텍스트를 읽고 해석하는 데 사회 문화적 지식 및 문학적 지식을 알고 이해하는 과정이다.

둘째, '텍스트 읽기'는 텍스트 전체의 분위기나 맥락을 파악하며 전반적인 내용에 대해 생각해 보는 과정이다. 텍스트의 전반적인 맥락과 분위기를 파악하고 작중 인물이나 화자와 대화해 보는 과정은 독자가 텍스트의 세계를 이해하고 활성화하는 계기가 된다는 점에서 중요하다.

셋째, '독자 개인의 내적 대화'는 독자 스스로 텍스트를 이해하고 감상하는 데 필요한 질문을 만들어 보고 이에 답해 보는 것이다. 학습자 자신의 자아와 다양한 가치 사이에 일어나는 대화라는 점에서 성찰적 사유를 지향한다.

넷째, '독자 간 대화'는 독자 개인의 이해와 감상을 다른 독자와 나누며, 다양한 해석의 가능성을 도모하는 과정이다. 상호 협력적인 대화를 이어 감으로써 해석과 사유의 폭과 깊이를 확장할 수 있다.

다섯째, '교사와 독자 간 대화'는 대화 과정을 통해 해결하지 못했던 부분, 언급하지 않고 놓친 부분, 오독의 가능성이 있는 부분 등에 관해 교사가 의도적으로 질문하고 대답을 유도함으로써 발전적인 대화를 도모한다.

여섯째, '텍스트의 의미 정리'는 앞의 내용을 종합하여 가장 근거 있고 타당하게 텍스트의 의미를 정리하는 단계다. 자기 내러티브 글쓰기, 비평문 쓰기 등을 통해 학습자 스스로 텍스트의 의미를 정리해 봄으로써 해석적 사유를 확장하고 자기 삶에 대해 주체적으로 수용하며 삶에 적용해 볼 수 있다.

교류적 독서 지도 모형의 예

교류적 독서란 독자가 능동적, 주체적 역할을 하면서 독자와 텍스트, 교사와 학생, 학생과 학생의 교류가 일어나며, 독자의 독서 경험 및 유의미한 잠재력을 확장해 나가는 독서를 말한다. 교류적 독서는 학생의 독서 경험과 교사의 적극적이고 책임 있는 역할을 동시에 중요하게 다루며, 교수법적인 실천을 강조한다(Karolides, 1999). 교류적 독서 모형의 기반을 마련한 연구자는 빌헬름, 노박(Wilhelm & Novak)이다. 이들은 심미적 · 교류적 문학 읽기를 삶을 가르치는 방식으로 보고, 환기적 · 연결적 · 성찰적 차원을 강조했다(Wilhelm & Novak, 2011).

첫째, 환기적 차원은 '전기 이행(froantloading)'으로, 읽기 전 활동을 말하며, 학생들이 이미 관심이 있고 알고 있는 것을 활성화하는 것이다. 학생들의 사전 관심사와 지식은 새로운 것을 배우는 데 자원이 된다. 그래서 교사는 학생들이 텍스트 읽기에 참여하도록 도와주어야 하며, 텍스트 세계에 도전하는 데 성공하도록 준비시킨다는 의미로서, 학생들의 삶을 환기한다. 즐거움이란 텍스트의 몰입 지점에서 자아의 연못을 치며 파장을 보내는 조약돌처럼 공명하는 것을 말한다. 개인의 관심사나 경험과 공명하는 텍스트를 읽는 것, '몰입(flow) 경험'의 상태에 들어가는 것(Csikszentmihalyi, 1990; Smith & Wilhelm, 2002), 몰입의 경지를 즐기는 것, 이것은 기쁨의 자원이며, 심리적 즐거움이다(Wilhelm & Novak, 2011:77~85). 환기적 차원에서 텍스트 읽기는 텍스트에 대한 즐거움을 환기하는 것, 즉 상상하는 즐거움, 언어의 생생함, 메타포의 즐거움, 아름다움을 탐구하는 즐거움 등을 환기한다는 의미다. 교류적 문학 읽기는 원심적인 정보나 기능보다는 심미적인 몰입의 흐름을 환기하는 것을 중요시한다(Wilhelm & Novak, 2011:91).

둘째, 연결적 차원은 텍스트에 내포된 저자와 통찰을 공유함으로써 사랑을 발견하는 것이다. 예술적이고 심미적인 경험은 단순히 삶의 양식을 전달하는 수준을 넘어, 주체의 내면적 성찰을 심화하고 자아 성장의 본질적인 동력이 된다. 나아가 이러한 경험은 타자와의 상호 주관적 연결을 강화하며 공감 형성을 촉진한다. 결국 개인은 공동체 내에서 상호 유대감을 구축하며 사회적 실천력을 함양한다. 교사가 반응의 연결적 차원이 작동하는 방식을 이해하거나 학생들이 저자와 연결이 되도록 도와주는 방식을 이해하는 것은 매우 중요하다. 심미적 경험의 연결적 차원은 성찰적 차원에서 얻는 새로운 지혜와 환기적 차원에서 얻는 텍스트의 즐거움을 연결하는 것이다(Wilhelm & Novak, 2011:92~98).

셋째, 성찰적 차원은 개인과 공동체를 넘나드는 의사소통, 공유된 삶, 외적인 고요함의 맥락, 통찰에서 통찰로 흐르는 것에 대한 느낌에 근거를 두고 있다. 실존적으로 비슷한 문제에 책임을 주장하는 것을 배우고 다른 사람들과 함께 실존적으로 존재한다(Wilhelm & Novak, 2011:126).

성찰적 차원은 가드너(Howard Gardner)의 '실존적 지능(영적 지능)'과 관련되어, '삶과 죽음, 희로애락, 인간 존재의 이유, 인간의 본성 및 가치에 대한 철학적 · 종교적 사고 능력'이 완전하게 의미를 지닌 차원으로, 이야기 시간이 의식적으로 진화되는 것이라 할 수 있다. 성찰적 차원은 우리 자신의 과거, 현재, 미래의 삶에 대해 새로운 통찰을 발견하게 한다(Wilhelm & Novak, 2011:70).

서은숙(2025)은 빌헬름, 노박의 환기적 · 연결적 · 성찰적 차원, 로젠블랫의 교류적 반응 중심 모형과 대화 중심 모형을 통합하여 '교류적 독서 지도 모형'을 만들었다. 서은숙이 구안한 교류적 독서 지도 모형은 ① 사전 준비, ② 교류 형성, ③ 교류의 명료화, ④ 교류의 심화, ⑤ 사랑과 지혜의 삶 향유 등의 5단계로 구성되어 있다. 이에 따르면, 1단계는 사전 준비로, 읽기 전 활동에 해당한다. 이 단계는 빌헬름, 노박의 환기적 차원과 연결되고, 특히 리쾨르의 미메시스 I(현재-과거)과 연결된다. 교사는 텍스트 몰입을 위한 핵심 질문을 개발하고, 텍스트와 관련된 배경지식이나 맥락을 제공하는 자료를 준비한다. 이는 독자들이 텍스트의 '과거'와 '현재'를 연결하는 '미메시스 I'의 과정을 효과적으로 수행하기 위한 실천 방안이다. 이후의 독서 과정에서 상호작용이 일어날 수 있는 견고한 토대를 마련한다.

2단계는 교류 형성으로, 읽기 중 활동에 해당한다. 리쾨르의 미메시스 II(현재-현재)와 듀이, 로젠블랫이 강조한 '교류 경험'에 기반하여, 독자가 텍스트와 현재의 삶을 연결하며 의미를 구성하는 단계다. 이 단계는 빌헬름, 노박의 연결적 차원에 해당하며, 교사의 핵심 질문을 활용하여 독자의 자기 이해와 독자와 텍스트의 상호작용을 촉진한다. 이 단계에서 독자들은 텍스트 내용을 이해하고 해석하며 텍스트 읽기에 몰입한다. 텍스트와 독자 간의 직접적인 교류는 물론, 작중 인물과의 가상 대화를 통해 자기 경험과 관점을 연결하며 폭넓은 공감대를 형성한다. 이는 원심적 읽기와 심미적 읽기를 통합한 독서 경험을 통해 자아를 확장하고 텍스트의 의미를 자기 삶 속에서 재구성하는 과정이다.

3단계는 교류의 명료화로, 읽기 중 활동에 해당한다. 독서 경험의 연결적 차원을 심화하고 리쾨르의 미메시스 II(현재-현재)를 공동체의 지평으로 확장하는 단계다. 이 단계는 2단계에서 독자가 텍스트와 개별적으로 교류하며 형성된 독자 반응과 의미를 독자 간의 대화와 교사와의 상호작용을 통해 명료화하고 공유함으로써 의미 공동체를 구축한다. 독자들은 타인의 관점을 경청하고 이견에 대해 수용적인 태도를 지니며 토의 토론에 참여함으로써 자신의 이해를 명료화하고, 타인의 세계를 이해하는 폭을 확장한다. 토의 토론의 과정에서 얻은 생각과 감정, 그리고 텍스트에 대한 이해는 '토론 소감문'과 같은 '개인 성찰 텍스트'로 구체화한다.

4단계는 교류의 심화로, 읽기 중-후 활동에 해당한다. 이 단계는 빌헬름, 노박의 연결적 차원을 심화하고 성찰적 차원으로 전환되는 지점이며, 리쾨르의 미메시스 II(현재-현재)의 심화와 미메시스 III(현재-미래)이 연결된다. 이 단계에서 독자는 텍스트의 이야기가 자기 삶과 어떻게 연결되는지 생각하며, 이를 통해 개인의 실존적 존재에 대해 자각한다. 독자는 읽은 텍스트를 다른 작품이나 경험과 연관 지으며 상호텍스트성을 탐구한다. 이는 텍스트의 지평을 넓히고, 다양한 관점을 통해 세계를 이해하는 능력, 즉 '삶의 지혜(사랑의 지혜)'를 터득하는 중요한 기제가 된다. 4단계의 핵심 활동은 '해석 텍스트'라는 성찰적 · 창조적 글쓰기다. 글쓰기를 통해 자기 생각과 감정에 에토스를 담아내어 독자와 청중에게 감동을 주는 글쓰기, 말하기의 능력을 함양한다.

마지막 5단계는 사랑과 지혜의 삶을 향유하는 단계로, 읽기 후 활동에 해당한다. 독서 경험이 개인의 삶을 넘어 공동체적 실천으로 확장된다. 이 단계에서는 빌헬름, 노박의 성찰적 차원이 구현되며, 리쾨르의 미메시스 III(현재-미래)의 실현을 추구한다. 미메시스 III은 텍스트를 통해 형성된 이해와 성찰이 현실 세계로 재투사되어 독자의 삶을 변화하고 새로운 행동 양식으로 이끄는 단계다. 5단계에서 독자들은 텍스트와의 교류를 통해 얻은 지혜를 바탕으로 자신과 타인, 그리고 세상을 이해하는 사랑과 지혜가 충만한 삶을 살아가게 된다.

정리하면, 교류적 독서 지도 모형은 빌헬름, 노박의 환기적 · 연결적 · 성찰적 차원, 로젠블랫의 반응 중심 접근법, 리쾨르의 미메시스 이론을 바탕으로 독자와 텍스트, 공동체 간의 능동적인 상호작용을 통해 의미 있는 삶을 지향하게 한다. 특히 서은숙(2025)의 5단계 통합 모형은 읽기 전 준비 단계부터 교류 형성, 명료화, 심화를 거쳐 사랑과 지혜의 삶을 향유하는 최고 목표에 이르기까지, 독자들이 텍스트 속 지혜를 자신의 삶에 투영하고 재구성하며 타인과 교류하도록 안내한다. 이러한 교류적 독서 지도는 청소년들이 텍스트와 자기 삶의 연결을 깨닫고, 자아를 확장하며 관계적 상호작용 속에서 사랑과 지혜를 실현하는 삶의 주인공이 되도록 돕는 교육적 실천 방안이다.

참고문헌

경규진(1995). 문학교육을 위한 반응 중심 접근법의 가정 및 원리. ≪국어교육≫, 87호, 1~23.

서은숙(2025). 교류적 독서 수업의 독자 반응 텍스트에 나타난 청소년의 자아정체성 연구. 가톨릭대학교 박사학위논문.

이순영·최숙기·김주환·서혁·박영민(2015). 『독서교육론』. 사회평론.

하워드 가드너(Howard Gardner). https://namu.wiki/w/%EB%8B%A4%EC%A4%91%EC%A7%80%EB%8A%A5%EC%9D%B4%EB%A1%A0

Csikszentmihalyi, M.(1990). Flow: The Psychology of Optimal Experience. *Journal of Leisure Research*, 24(1), 93~94.

Karolides, N. J.(Ed.)(1999). *Reader response in secondary and college classrooms*. Routledge.

Smith, M. W., & Wilhelm, J. D.(2002). *Reading don't fix no chevys: Literacy in the lives of young men*. Teachers College Press.

Wilhelm, J. D., & Novak, B.(2011). *Teaching literacy for love and wisdom: Being the book and being the change*. Teachers College, Columbia University.

10

독자 반응에 나타난 자아정체성 분석 사례

고등학생을 대상으로 한 교류적 독서 지도 실천 사례에서 토론, 해석, 성찰 텍스트라는 독자 반응 텍스트를 연구 자료로 수집하여, 그 텍스트에서 나타난 청소년들의 자아정체성을 분석한다. 자아정체성은 정적인 것이 아니라 삶의 경험 속에서 계속해서 재구성되고 발전한다. 자기 이해 과정의 산물인 독자 반응 글쓰기를 통해서 청소년 독자들의 자기 인식과 정체성 발달의 과정을 살펴볼 수 있다.

독자 반응 자료 수집

이 장에서는 고등학교 1학년 남학생을 연구 참여자로 선정하여 교류적 독서 수업을 실천한 사례를 다룬다. 이 교류적 독서 수업은 읽기, 말하기, 쓰기를 통합한 문학 수업으로 설계되었으며, 연구 참여자들은 문학작품 다섯 편을 읽고 활발한 토론과 글쓰기를 전개한다. 수업 텍스트로 활용한 문학작품은 『노인과 바다』(헤밍웨이), 『하얼빈』(김훈), 「눈길」(이청준), 「역사」(김승옥), 「내 유년의 울타리는 탱자나무였다」(나희덕)이다. 수업 과정에서 생성된 참여자들의 해석 텍스트, 토론 텍스트, 개인 · 공동 성찰 텍스트를 주요 자료로 수집하였으며, 수집된 자료로 '독자 반응 텍스트 내용 분석 기준'에 의해 참여자들의 자아정체성 발달 과정을 분석했다(서은숙, 2025:147).

먼저, 수업 중에 읽은 문학 텍스트와 관련하여 독자 반응을 기록한 '해석 텍스트'를 수집했다. 그리고 사전에 토론 핵심 질문과 주제를 선정하고 카카오톡 채팅방에 공유하는 과정을 거친 후 진행된 토론 음성 파일을 전사한 '토론 텍스트'를 수집했다. '개인 · 공동 성찰 텍스트'는 수업 활동 이후에 참여자들이 자신의 독서 경험과 토론 소감을 정리한 텍스트로, 이는 다음 수업 시간에 공유되어 내면의 성찰 과정을 확인할 수 있는 자료로 활용되었다. 그리고 교사는 수업 진행 과정 전반에 걸쳐 참여자들의 반응과 상호작용 양상을 세밀히 관찰하고, 이를 바탕으로 '수업 관찰 일지' 및 '수업 비평 텍스트'를 작성하여 수업에 대한 성찰 자료를 확보했다.

수업 이후 자료 수집으로는, 수업이 종료된 후 독서 효능감 설문지를 다시 활용하여 사후 검사를 실시함으로써 수업 전후 학습자들의 독서 흥미도 및 태도 변화를 비교 분석했다. 그리고 수업 이후 참여자들의 지적, 정서적, 행동적 특성의 변화를 탐색하기 위해 전원이 참여하여 '공동 심층 면담'을 진행했다. 면담 내용은 전사하여 '공동 성찰 텍스트'로 구축하였으며, 이 과정에서 수업 관찰, 해석 텍스트, 토론 텍스트 등 기존 자료에서 충분히 다루어지지 않은 면에 대해 질의응답하고, 향후 계획 등에 대해 의견을 나누는 시간을 가졌다.

그리고 연구 참여자들의 자아정체성 변화를 보다 심층적으로 분석하기 위해, 자기 성장사, 독서 경험, 독서 인식 등에 관한 설문 조사를 추가로 실시했다.

이 연구는 다양한 유형의 내러티브 자료를 통합적으로 분석함으로써 교류적 독서 수업이 청소년 독자들의 자아정체성 형성과 자아 성장에 미치는 영향을 여러 측면에서 탐구했다.

독자 반응 내용 분석

교류적 독서 수업 실천 사례에서 독자 반응 텍스트를 분석하기 위해 재구성한 '내용 분석 기준'을 요약하면 다음과 같다. 토론 텍스트(말)와 해석 텍스트(글)의 내용 분석 단위는 바우어(Bauer, 2021)가 말한 '톤(태도)', '주제', '구조'다. 그리고 성찰 텍스트(글)의 내용 분석 단위는 리스만(Riessman, 2008)의 연구에서 가져온 '내러티브 주제 중심'이다.

'독자 반응 텍스트 내용 분석 기준'으로 첫째는 '톤(태도)'이다. 톤(태도) 분석에서는 텍스트에 내재한 감정 상태, 정서적 성향, 심리적 상태를 파악한다. 텍스트에 나타난 화자의 내면세계가 어떠한지를 탐색하는 것이며, 이것을 통해 자아정체성을 유추한다.

톤(태도)을 분석하는 데 구체적인 기준으로는 감정과 태도 발현, 어휘의 긍정성 대 부정성, 어조의 친밀성 · 유연성 · 경직성, 어조의 명암 및 무게감, 어조의 낙관성 대 비관성, 어조의 자신감(안정성) 대 불안정성, 태도의 만족감 대 불만족감, 표현 속도의 완급 조절, 현실주의적 성향 대 이상주의적 성향, 공감과 감동의 발현 등이 있다. 톤(태도) 분석을 통해 화자의 자기 수용성, 주체성, 주도성, 친밀성 등 자아정체성 구성 요소를 추출한다.

둘째는 '주제' 분석이다. 주제 분석은 화자의 인지적, 의지적 특성을 파악하여 자아정체성 구성 요소를 추출하는 것이다. 주제 분석의 구체적인 기준에는 자기 인식 및 성찰, 자기 능력의 수용, 목표 실현 의지, 미래 및 진로 확신, 문제 해결의 주체적 의지, 과업 실행의 주도성, 의사 결정의 결단력, 도전에 대한 태도, 가치 지향성 및 자아실현, 통찰력 등이 있다. 주제 분석을 통해 화자의 자기 수용성, 목표 지향성, 미래 확신성, 가치 지향성, 주체성, 주도성이라는 자아정체성 구성 요소를 추출한다. 이처럼 주제 분석은 텍스트의 표면적 내용을 넘어 화자의 내면에 자리한 자아정체성의 여러 측면을 탐색하는 근거를 제공한다.

셋째는 '구조' 분석이다. 구조 분석은 화자의 사고 과정이 어떻게 조직화되고 표현되는지를 밝히며, 인지적 역량과 자아정체성의 발현 양상을 파악하는 것이다. 이는 단순히 내용의 배열을 넘어 화자가 자신을 이해하고 세계를 해석하는 방식이 텍스트의 형식에 어떻게 투영되는지를 탐색하는 과정이다. 구조 분석의 구체적인 기준으로는 서술의 단순성 대 복잡성, 논리적 · 체계적 전개, 통일성 및 응집성, 표현의 유창성, 내용의 다양성 및 풍부성, 관점과 내용의 통합, 의도 · 신념과 자아의 연결, 의미 구성-언어 표현-추론 능력 유도, 창의적 사고력 등이 있다. 구조 분석을 통해 화자의 비판적 사고, 논리적 사고, 통합적 사고, 창의적 사고라는 자아정체성 구성 요소를 여러 측면으로 파악한다.

토론 및 해석 텍스트 내용 분석에 이어, 성찰 텍스트 분석은 리스만의 '내러티브 주제 중심'을 분석 단위로 사용했다. 내러티브 주제 중심 분석법은 개인이 자기 경험을 이야기로 구성하는 방식과 그 속에 담긴 의미를 파악하면서 삶의 특정 사건이 자아정체성 형성에 미치는 영향을 분석하는 질적 연구 방법이다. '성찰 텍스트'는 학생들이 독서 활동 이후 자신을 되돌아보고, 독서 경험에 대한 의미를 부여하며 성찰하는 과정을 서술한 글이다.

성찰 텍스트 분석은 텍스트 내에 뚜렷하게 드러나는 핵심 개념, 가치 체계, 갈등 양상, 자기 인식의 변화 등을 이해하고 해석하는 데 중점을 둔다. 정체성과 관련되는 주제 문장을 추출한 다음, 자아정체성 구성 요소인 자기 수용성, 주체성, 주도성, 친밀성, 목표 지향성, 미래 확신성, 가치 지향성 등을 분석하여 자아정체성을 유추한다. 이러한 과정을 통해서 참여자의 자아정체성이 단지 정적인 특성의 종합이 아니라 삶의 경험 속에서 끊임없이 재구성되고 발전하는 것임을 확인하게 된다. 성찰적 글쓰기가 곧 자기 이해의 과정이며, 그 과정에서 자아정체성 구성 요소를 추출하여 참여자의 자기 이해의 의미와 자아정체성을 유추할 수 있다.

독자 반응 텍스트 내용 분석 기준에 의해 토론 텍스트, 해석 텍스트, 개인 · 공동 성찰 텍스트를 내용 분석했다.

토론 텍스트 분석에서 서사적 톤 · 태도 요소 측면을 보면, 1차 토론에서 참여자들은 모두 친화적인 태도를 보였고, 2차 토론에서는 1차 토론보다 훨씬 더 활발한 분위기가 형성되었다. 참여자 모두 토론에 몰입하여 서로의 이야기를 경청하며 자기의 내면 이야기를 진정성 있게 표현했다. 3차 토론에서는 참여자 모두 말이 끊어진 시간의 틈새에도 어색해하지 않고 기다리며 서로 배려하고 존중하는 여유를 가졌고, 유연성과 자신감 있는 태도를 보였다(서은숙, 2025:200).

서사적 주제 요소에서 보면, 1차에서는 참여자들의 마음과 생각을 모으기 위해 먼저 교사 자신이 감명 깊은 내용을 솔직하게 표현했다. 참여자들은 대체로 긍정적이고 적극적인 태도와 진실한 마음으로 토론에 참여했다. 2차에서는 작품 내용 중 인상적인 장면, 등장인물의 삶, 일제 치하의 우리나라 현실, 조국애, 가족애, 미래 삶의 방향 등에서 높은 호응과 공감대가 형성되었다. 자기 진로에 대해 고민하며 삶의 방향을 찾는 것, 자기 성찰적 글쓰기를 하는 것, 자기 경험과 작품을 연결 짓는 것 등에 노력이 많이 요구됨을 공감했다. 3차에서는 에토스, 아비투스, 문학작품을 보는 관점, 독서 기록 남기는 방법, 감동적인 말하기와 글쓰기 방법 등에 대해 토론하며 공동 지식을 구성하였고 성찰적인 면이 깊어졌다. 독서 수업의 의도와 삶의 가치 터득, 자기 정체성을 확인하는 것 등 수업의 목적과 가치를 인식하게 되었다(서은숙, 2025:201).

개인 · 공동 성찰 텍스트 분석에서는 대부분 참여자에게 뚜렷하게 '자기 수용성'과 '주체성'이 나타났다. 참여자들은 독서 수업을 통해 글로 자기를 표현하는 방법이나 독서를 생활화하는 삶에 대해 세심하게 성찰하며 새롭게 계획을 세우며 배우려는 자세를 갖게 되었다(서은숙, 2025: 235～237).

연구 사례의 시사점

이 연구는 연구 참여자들이 내부 지향적 읽기 · 쓰기를 실천했다는 점에서 의의가 있다. 이는 글의 내용 분석이나 글의 의미를 강조하는 외부 지향적 읽기보다 독자의 내면에 초점을 두고 독자 마음을 향해 읽는 내부 지향적 읽기를 강조했다는 것이다. 하지만 더 장기적인 연구 설계를 하여 교류적 독서 수업을 실행한다면, 청소년의 자아정체성 성장과 변화를 더욱 정교하게 밝혀낼 수 있을 것이다.

둘째는 인생의 전환기인 청소년기에 많이 읽고, 많이 생각하고, 많이 쓰는 기회를 제공하는 일이 매우 중요하다는 것이다. 무엇보다도 '쓰기'는 정체성 표현이나 자아 재구성 도구로서 '어떻게' 써야 하는지 방법적인 면의 교육도 중요하지만, '왜' 써야 하는지, '무엇'을 써야 하는지에 초점을 맞추고, 자기 내면세계를 그려 보는 교육이 가치 있다고 할 수 있다. 이런 점에서 텍스트에 대한 독자 반응을 유도하는 문학 수업을 통해 독자의 내면세계에 관한 자기 탐구 방법 등을 개발할 필요가 있다.

셋째는 독서 경험은 자아를 건축하는 과정으로서 바람직한 삶의 태도를 길러 주며 인간 발달을 촉진하는 강력한 실천이라는 것이다. 따라서 꿈, 진로, 인생 설계, 가치관 형성, 깨달음 등 실용주의적 독서를 선호하는 청소년들을 위한 동기 부여 강화책이 필요하다(서은숙 · 정옥년, 2022). 이 연구에서도 부모의 관심과 지원, 가정의 독서 분위기 조성 등 기초적인 독서 능력을 일찍 갖춘 연구 참여자는 독서 환경이 미비한 연구 참여자보다 독해력, 발표력, 수용력 등이 높았고 훨씬 빨리 분위기에 적응하며 자아정체성 성장과 발달에서도 속도감 있는 진행을 보였다. 이는 청소년기에 자아정체성을 형성하는 데 가정과 학교, 사회의 적극적인 지원과 배려, 연계 교육이 필요함을 시사한다.

넷째는 교사와 학생이 자기 내면을 드러냄으로써 관계적 상호작용이 일어나고 그 관계성은 서로 성장하는 데 디딤돌 역할을 한다는 것이다. 관계적 상호작용은 직관과 통찰을 바탕으로 학습자가 능동적으로 지식을 재구성하도록 촉진하며, 내면의 잠재적 열정을 실천적 동력으로 전환하도록 이끄는 기제가 된다. 교수 학습 방법 개발 등과 같은 지적 영역도 중요하지만, 정의적 영역인 관계적 상호작용에 초점을 맞춰 관계 교수법 개발에 관한 지속적인 탐구가 필요하다.

참고문헌

서은숙 · 정옥년(2022). 자전적 내러티브에 나타난 청소년 독자의 독서 경험 분석-상징자원 활용 관점에서-. ≪문화예술교육연구≫, 17권, 4호, 131~160.

서은숙(2025). 교류적 독서 수업의 독자 반응 텍스트에 나타난 청소년의 자아정체성 연구. 가톨릭대학교 박사학위논문.

Bauer, J. J.(2021). *The transformative self: Personal growth, narrative identity, and the good life.* Oxford University Press.

Riessman, C. K.(2008). *Narrative methods for the human sciences.* Thousand Oaks, CA: Sage.

지은이 소개

서은숙

경기도교육청 소속 부천고등학교 국어 교사로 재직하고 있다. 가톨릭대학교 교육대학원 독서교육 전공으로 교육학 석사, 박사학위를 취득했다. 청소년 대상 독서 교육과 성인 문해 교육에 관심을 가지고 있다. 주요 논문으로 "자전적 내러티브에 나타난 청소년 독자의 독서 경험 분석: 상징자원 활용 관점에서"(2022), "자기 내러티브(self-narrative)에 나타난 국어교사의 전문성 발달 과정 연구"(2019), "교류적 독서 수업의 독자 반응 텍스트에 나타난 청소년의 자아정체성 연구"(2025) 등이 있다.